10대를 위한
데일 카네기 성공대화론

DALE CARNEGIE

데일 카네기 지음
김민성 편역

10대를 위한
데일 카네기 성공대화론

더스토리

누구나 자신감 있게
말을 잘할 수 있습니다!

요즘 미국 전역은 '말하기' 교육 열풍으로 뜨겁습니다. 그 중심에는 바로 이 책의 저자, 데일 카네기가 있습니다. 그는 평생 동안 무려 15만 편이 넘는 연설을 듣고 논평했습니다. 450년 동안 매일 한 편씩 연설을 들어야 하는 엄청난 양이죠. 저는 이 경험이 여러분 안에 숨겨진 잠재력을 발견하게 해 줄 것이라 확신합니다.

이 책의 저자인 데일 카네기는 미주리주의 외딴 농장에서 태어나, 가난과 실패 속에서도 꿈을 잃지 않았습니다. 어린 시절에는 시간당 5센트를 받고 딸기를 따는 등 힘든 생활을 했죠. 그는 대학에 다니는 동안에도 하숙비가 없어 학교까지 왕복 10km를 말을 타고 다녀야 했습니다.

학교에는 미식축구부원이나 야구부원처럼 인기가 많은 학생들이 있었지만, 운동에 소질이 없던 카네기는 웅변에 열정을 쏟아부었습니다. 말을 타고 가면서, 소젖을 짜면서, 심지어 헛간에 올라가 연설을 연습하며 몇 달을 보냈죠. 처음에는 실패를 거듭했지만, 마침내 그는 학교의 모든 웅변 대회에서 우승을 차지했습니다.

졸업 뒤에도 그의 삶은 도전의 연속이었습니다. 우편 강좌 판매, 영업 사원, 연극배우 등 다양한 직업을 전전하며 힘든 시간을 보냈지만, 그는 포기하지 않았습니다. 그리고 마침내, 그는 자신이 가장 잘하는 것이 대중 연설이라는 사실을 깨달았습니다.

카네기는 무작정 뉴욕 YMCA를 찾아가 기업인들을 위한 말하기 강의를 제안했습니다. 이전에도 비슷한 강의가 있었지만 모두 실패했기에, 그의 제안은 터무니없게 들렸죠. 그는 하루 2달러를 받으려다 거절당하고, 대신 수강료의 일부를 받기로 계약했습니다. 처음에는 이익을 볼 가능성이 거의 없어 보였지만, 3년이 채 지나지 않아 YMCA는 카네기에게 하루 2달러가 아니라 30달러를 지급해야만 했습니다.

그의 강좌는 입소문을 타고 뉴욕을 넘어 런던과 파리까지 퍼져나갔습니다. 그는 이 경험을 바탕으로 이 책 『데일 카네기 성공대화론』을 썼습니다. 그는 자신이 화술을 가르친 것이 아니라, 사람들이 두려움을 물리치고 용기를 키우는 법을 전수했으며 이것이 자신의 진짜 임무였다고 말합니다.

하버드 대학교의 윌리엄 제임스 교수는 "평범한 사람은 잠재력의 10%만 사용한다."고 했습니다. 이 책은 여러분 안에 숨겨진 나머지 90%의 잠재력을 끌어내는 방법을 알려 줄 거예요. 저 또한 카네기에게 받은 훈련 덕분에 성공할 수 있었습니다. 여러분도 이 책을 통해 자신감 있는 연설가가 될 수 있다고 확신합니다.

부디 이 책이 여러분의 삶에 용기와 자신감을 심어 주는 훌륭한 길잡이가 되기를 바랍니다.

_로웰 토머스(미국의 유명 작가, 방송인)

차 례

1부
말하기의 4가지 준비 방법

PUBLIC SPEAKING AND
INFLUENCING MEN IN BUSINESS

용기와 자신감을
키워라

누구나 처음에는 '말하기'가 두렵다

1912년부터 지금까지, 제가 진행해 온 대중 강연 교육 과정에는 18,000명이 넘는 사람들이 함께했습니다. 저는 그들에게 이 교육을 통해 무엇을 얻고 싶은지 직접 적어 보게 했습니다. 놀랍게도 그들이 적은 글에는 표현만 다를 뿐, 모두 같은 고민이 담겨 있었습니다. 1,000명이 넘는 사람들이 털어놓은 솔직한 이야기는 다음과 같았습니다.

"많은 사람 앞에서 이야기하려고 하면 너무 떨리고 두려워서 머릿속이 멍해지고, 집중이 되지 않습니다. 심지어 무슨 말을 하려 했는지조차 잊어버리곤 했지요. 저는 자신감과 안정감을 얻고 싶고, 빠르게 생각하는 능력을 키우고 싶습니다. 사업상의 모임이나 여러 사람 앞에서 제 생각을 논리적으로 정리하고 설득력 있게 전달하고 싶습니다."

여러분도 혹시 이런 고민을 해 본 적이 있나요? 걱정하지 마십시오. 이런 문제는 여러분 혼자만 겪는 것이 아닙니다.

첫 번째 이야기: 겐트 씨의 변화

몇 년 전, 필라델피아에서 열린 교육 과정에 참여했던 겐트 씨 이야기를 해 드리겠습니다. 그는 자신이 설립한 제조 회사의 사장이었고, 교회와 지역 사회에서도 지도자 역할을 하는 분이었습니다. 하지만 사람들 앞에서 말하는 것을 너무 두려워했습니다. 연설 요청이 들어올 때마다 불안하고 머릿속이 하얘지는 바람에 한 번도 응한 적이 없었다고 합니다.

그러던 그가 대학 이사회 의장직을 맡게 되면서, 회의를 직접 진행해야 하는 상황이 되었습니다. 겐트는 저에게 "이 늦은 나이에 연설을 배울 수 있겠습니까?"라고 진지하게 물었습니다. 저는 망설임 없이 "물론입니다! 몇 가지 원칙과 교육 내용을 잘 따르면 충분히 해내실 수 있습니다!"라고 말했습니다. 그는 제 말을 믿고 싶어 했지만, 아무래도 뜬구름 잡는 소리처럼 들렸던 모양입니다. "저에게 용기를 주려고 하시는 말씀 같군요."라고 대답했으니까요.

교육 과정이 끝난 뒤 한동안 연락이 없었던 우리는 1912년에 다시 만났습니다. 저는 그때의 대화를 떠올리며 제 말이 너무 낙관적이지 않았는지 물었습니다. 그러자 겐트는 호주머니에서 작은 수첩을 꺼내, 예정된 강연 목록이 빽빽이 적힌 리스트를 보여 주었습니다.

"강연할 수 있는 능력, 강연을 통해 얻는 즐거움, 그리고 제가 지역 사회에 도움이 될 수 있다는 것, 이 모든 것에 정말 만족하고 있습니다."

우리가 다시 만나기 얼마 전, 워싱턴에서 열린 군비 제한 국제 회의에 영국의 수상 로이드 조지가 참석한다는 소식에 필라델피아 침례교파는 그에게 강연을 요청했습니다. 겐트 씨는 자신이 그 도시의 수많은 침례교인 중 영국의 수상을 소개하는 대표로 뽑혔다고 말했습니다. 불과 3년 전, 사람들 앞에서 말하는 것이 가능할지 물었던 사람이 말입니다. 그의 발전이 특별히 빠른 것 같습니까? 그렇지 않습니다. 이와 비슷한 경우는 정말 많습니다.

두 번째 이야기: 커티스 박사님의 도전

구체적인 사례를 하나 더 들어 보겠습니다. 몇 년 전, 브루클린

15

에 사는 의사 커티스는 플로리다에서 겨울을 보냈습니다. 열렬한 야구 팬이었던 그는 자주 자이언츠 팀 훈련장을 찾아갔고, 선수들과 친해져 만찬회에도 초대받았습니다. 만찬회에서는 몇몇 손님에게 '간단한 연설'을 부탁하는 순서가 있었습니다. 그런데 사회자가 갑작스럽게 그를 가리키며 말했습니다.

"오늘 이 자리에는 의사 선생님 한 분도 함께하고 계십니다. 커티스 박사님에게 야구 선수의 건강에 대한 강연을 들어 보겠습니다."

그는 이야기할 준비가 되어 있었을까요? 물론입니다. 그는 위생에 대해 연구하며 거의 30년 가까이 의료계에 몸담았으니, 그런 주제라면 옆자리에 앉은 사람들에게 밤새도록 이야기할 수도 있었습니다. 하지만 아무리 적은 청중 앞이라도, 또 같은 주제라 해도 '일어서서 말하는 것'은 전혀 다른 차원의 문제였습니다. 평생 연설을 해 본 적이 없었던 커티스에게 그런 상황은 손발이 마비되고 심장이 멎는 듯한 느낌을 주었고, 머릿속에 있던 모든 생각을 날려 버렸습니다.

청중들은 박수를 치며 그를 바라보았지만, 그는 머리를 가로저었습니다. 그러자 오히려 더 큰 박수가 쏟아졌습니다.

"닥터 커티스! 닥터 커티스!"

함성은 점점 커졌습니다. 그는 자신이 자리에서 일어선다 해도 몇 마디조차 하지 못할 것을 잘 알고 있었습니다. 결국 그는 조용히 방을 나섰습니다. 그에게 있어 가장 당황스럽고 굴욕적인 순간이었습니다.

브루클린으로 돌아온 그가 처음으로 한 일은 YMCA 본부에서 진행하는 연설 과정에 등록한 것이었습니다. 그는 자신이 얼굴을 붉힌 채 한마디도 하지 못하는 상황을 다시는 만들고 싶지 않았기 때문입니다.

그는 성실한 학생이었고 정말 열심히 공부했습니다. 멋지게 연설할 수 있기를 간절히 원했기에 철저히 준비하고, 의지를 갖고 연습했으며 강의를 단 한 번도 빼먹지 않았습니다. 그리고 그런 태도를 가진 모든 학생이 해낸 것을 그 역시 멋지게 이루어 냈습니다. 초반 몇 개의 강의를 들으면서 연설에 대한 그의 두려움은 줄어들고 자신감은 점점 쌓이기 시작했습니다. 2개월이 지나자 커티스는 그룹에서 가장 뛰어난 발표자가 되었고, 얼마 지나지 않아 외부의 강연 요청도 받아들였습니다.

지금 그는 강연이 주는 기쁨, 그리고 그로 인해 자신에게 집중되는 관심, 새롭게 사귀게 된 친구들을 매우 좋아합니다. 커티스가 불과 1년 전, 청중에 대한 공포로 아무 말도 못 하고 공개 만찬회에서 도망쳐 나온 사람이라는 것을 뉴욕 시 공화당 유세 본부의 한 인사가 알면 얼마나 놀라겠습니까!

연설 공포증, 누구나 겪는 일이다

대부분의 사람들은 자신감과 용기가 극소수에게만 주어진 특별한 능력이라고 생각합니다. 하지만 이는 충분한 의지만 있다면 누구라도 키울 수 있는 잠재력입니다. 심지어 역사상 가장 위대한 연설가들도 처음에는 발표를 두려워했습니다.

미국의 전쟁 영웅이자 국무장관 윌리엄 J. 브라이언은 자신이 처음 연설할 때 무릎이 덜덜 떨렸음을 인정했습니다. 소설가 마크 트웨인 역시 처음 강단에 섰을 땐 입에 솜이 가득 차 있고 맥박은 우승컵을 향해 달리는 것 같았다고 말했습니다. 강력한 군대를 이끌었던 율리시스 S. 그랜트 장군조차 처음 대중 앞에서 연설할 때는 다리가 후들거렸다고 털어놓았습니다. 영국의 총리였던 로이드 조지도 다음과 같이 고백한 적이 있습니다.

"처음 연설했을 때는 혀가 움직이질 않았습니다. 이건 비유가 아니라 글자 그대로의 사실입니다. 정말로 입이 천장에 딱 달라붙어서 한마디도 할 수 없었습니다."

아무리 유명한 연설가라도 떨리는 건 똑같습니다. 라디오를 통해 이야기할 때 느끼는 긴장감을 '마이크 공포증'이라고 부르기도 합니다.

유명한 코미디언이자 배우인 **찰리 채플린**은 라디오 방송을 할 때 할 말을 미리 전부 적어 놓곤 했습니다. 평소 무대 위에서는 청중을 쥐락펴락하던 그였지만, 눈에 보이지 않는 마이크 앞에서만큼은 "마치 폭풍이 휘몰아치는 바다를 건너는 느낌."이라고 고백했죠. 배우이자 감독인 제임스 커크우드 역시 라디오 강연을 마친 뒤 "브로드웨이에서 개막 공연을 하는 것보다 이게 더 어렵네요."라며 이마의 땀을 닦았다고 합니다.

> **찰리 채플린**(1889~1977). 영국의 배우이자 감독. 무성 영화 시대의 가장 위대한 희극 배우로 꼽힌다. 콧수염을 붙이고 지팡이를 든 캐릭터로 전 세계적인 사랑을 받았다. 대표작으로는 『황금광시대』, 『모던 타임즈』, 『위대한 독재자』 등이 있다.

강연을 자주 하는 사람도 시작하기 전에는 이처럼 긴장합니다. 하지만 일단 연설이 시작되면 그 긴장감은 금세 사라지죠.

심지어 미국의 위대한 대통령 **에이브러햄 링컨**도 연설을 시작할 때는 부끄러움을 느꼈다고 합니다. 그의 동료는 이렇게 말했습니다.

> **에이브러햄 링컨**(1809~1865). 미국의 제16대 대통령. 남북전쟁에서 북부를 승리로 이끌고 노예 제도를 폐지하여 미국을 통합한 인물이다. 그는 유명한 '게티즈버그 연설'에서 "국민의, 국민에 의한, 국민을 위한 정부."라는 명언을 남겼다.

"처음에 그는 굉장히 서툴렀습니다. 자신감도 없고 예민해 보였죠. 목소리도 날카롭고 가늘었고요. 하지만 잠시뿐이었습니다. 얼마 지나지 않아 그는 침착함과 열정을 되찾았고, 그의 진정한 연설은 그때부터 시작되었습니다."

아마 여러분도 이와 비슷한 경험을 해 본 적이 있을 겁니다.

이제 이런 두려움을 이겨 내고 성공적인 연설을 위한 네 가지 필수 원칙에 대해 이야기해 드리겠습니다.

이것은 여러분이 생각하는 것보다 훨씬 중요한 요소입니다. 만약 여러분의 마음속을 들여다보고 열망이 얼마나 강한지 알 수 있다면, 저는 여러분이 얼마나 빨리 성공할 수 있을지 예측할 수 있을 것입니다. 여러분의 열망이 희미하고 의지가 약하다면, 성취 또한 그와 같을 것입니다. 하지만 만일 고양이를 쫓는 불도그처럼 끈질기게 이 문제를 파고든다면, 그 어떤 것도 여러분의 앞날을 막을 수 없습니다.

그러니 이 공부에 대한 여러분의 열정을 불태우십시오. 이 능력을 얻었을 때 얻게 될 이점들을 떠올려 보세요. 자신감을 갖게 되고, 사업상의 대화에서 더 설득력 있게 말하는 능력이 여러분에게 어떤 의미인지 생각해 보십시오. 이것은 여러분의 경제력에 반드시 영향을 미칩니다. 새로운 친구를 사귀고, 새로운 영향력을 행사하며, 리더십을 발휘하는 데 도움이 될 것입니다.

미국 상원의원 천시 M. 데퓨는 "누구나 익힐 수 있는 능력 중 설득력 있게 말하는 능력만큼 빠르게 출세하고 확실한 명성을 얻게 하는 것은 없다."라고 말했습니다. 또한 미국의 자산가 필립 D. 아머는 수백만 달러의 재산을 모은 뒤 "나는 막대한 자본가보다는 훌륭한 연설가가 되는 편을 택하겠다.”고 말하기도 했습니다. 이 재능은 교육을 받은 사람이라면 누구나 원하는 것입니다.

이 새로운 힘을 발휘하며 얻게 될 만족감과 기쁨을 상상해 보십시오. 저는 이 지구 곳곳을 여행하며 다양한 경험을 했지만, 청중 앞에서 그들이 제 생각을 따라오게끔 말하는 것만큼 진정으로 만족스럽고 멋진 일은 알지 못합니다. 이것은 여러분에게 강한 힘을 부여하고, 스스로 이룬 성취에 대해 자부심을 갖게 하며, 동료들보다 앞서나가게 할 것입니다.

어떤 연설가는 이렇게 고백했습니다.

“연설 시작 2분 전에는 차라리 매를 맞는 편이 낫겠다고 생각합니다. 하지만 연설이 끝나기 2분 전에는 연설을 끝내느니 총을 맞고 싶다는 마음이 듭니다.”

어떤 과정이든 도중에 마음이 약해져 실패하는 사람들이 있습니다. 그러니 여러분의 열망을 뜨겁게 불태우면서 이 과정이 여러분에게 무엇을 의미하는지 끊임없이 상기하십시오. 여러분은 끝까지 승리할 수 있을 정도의 열정을 준비해야 합니다.

고대 로마의 장군 **율리우스 카이사르**가 영국 땅에 도착했을 때, 그는 병사들에게 승리에 대한 확신을 심어

율리우스 카이사르(기원전 100년~기원전 44년). 고대 로마의 정치가이자 장군. 로마 공화정을 무너뜨리고 제정 시대의 기틀을 마련했다. 갈리아 전쟁에서 승리해 로마의 영토를 크게 확장했으며, “주사위는 던져졌다(Alea iacta est).”라는 유명한 말을 남겼다.

주기 위해 아주 명쾌한 방법을 사용했습니다. 그는 병사들이 타고 온 배를 모두 불태워 버렸습니다. 적지에 있는 자신들과 본토를 잇는 마지막 수단이 사라지는 것을 똑똑히 보게 한 것입니다. 이제 병사들이 할 수 있는 것은 앞으로 나아가 승리하는 것뿐이었습니다. 그리고 그들은 해냈습니다. 청중에 대한 두려움과의 싸움에서 여러분이 이 정신을 보여 주지 못할 이유가 무엇이겠습니까?

연설자가 무엇을 이야기할지에 대한 계획 없이 청중 앞에 선다면 굉장히 난처한 상황을 맞게 될 것입니다. 이것은 맹인이 맹인을 안내하는 것과 같습니다. 이런 상황에서는 누구나 자신감이 떨어지고 스스로를 부끄러워하게 됩니다.

시어도어 루스벨트 대통령은 자서전에 이렇게 썼습니다.

시어도어 루스벨트(1858~1919). 미국의 제26대 대통령. 역대 최연소 대통령으로, '테디(Teddy)'라는 별칭으로 불렸다. 러일전쟁을 끝내 노벨 평화상을 받았으며, 이는 현직 대통령으로서 최초였다. 귀여운 곰 인형 '테디 베어'가 그의 이름에서 유래한 것으로 유명하다.

"젊고 경험 없는 대부분의 사람처럼 저도 연설이 상당히 부담스러웠습니다. 그러던 중 어느 완고한 시골 노인의 충고로 많은 것을 깨닫게 되었습니다. 그 충고는 '당신이 말하려는 것이 확실해지기 전까지는 말하지 말고, 그것이 무엇인지 알았을 때가 되면 말하라.'는 것이었습니다."

그 노인은 긴장감을 극복하는 또 다른 방법도 덧붙였습니다.

"청중 앞에 섰을 때 두려움을 벗어 버릴 수 있도록 몸을 움직여 보게. 그들에게 뭔가를 보여 주거나, 칠판에 적거나, 책을 옮기는 행동 같은 것들 말일세. 목적을 가지고 몸을 움직이는 행위는 마음을 편안하게 해 준다네."

셋째, 자신감 있게 행동하십시오.

미국의 유명한 심리학자 윌리엄 제임스 교수는 다음과 같이 말했습니다.

"행동은 감정을 따라오는 것처럼 보이지만, 사실 행동과 감정은 동시에 일어납니다. 따라서 우리가 직접 조절할 수 있는 '행동'을 조절하면, 의지로 조절하기 힘든 '감정'을 간접적으로 조절할 수 있습니다. 용감해지고 싶다면, 이미 용감한 것처럼 행동하고 당신의 모든 에너지를 그 목적에 사용하십시오. 그러면 용감함이 두려움의 자리를 대신할 것입니다."

제임스 교수의 충고를 연설 상황에 적용해 보십시오. 자신이 하려는 말이 무엇인지 확실히 알고 있다면, 용감하게 앞으로 나아가 깊게 숨을 들이쉬세요. 산소 공급량이 늘어나면 기분이 좋아지고 용기가 생깁니다.

아무리 심장이 미친 듯이 쿵쾅거려도, 마치 용감하게 매를 맞는 중앙아프리카 풀라니 부족의 젊은이처럼 청중 앞에 조용히 서십시오. 그리고 그 젊은이가 보여주었듯, 지금 처한 상황을 즐기는 것처럼 행동하세요.

당신 자신을 최고도로 끌어올리고 청중의 눈을 똑바로 바라보며 이야기하기 시작하십시오. 코트 단추를 만지작거리거나 손을 어디에 둬야 할지 몰라 초조해하지 마십시오. 초조함을 잊기 위한 움직임이 필요하다면 아무에게도 들키지 않도록 손을 등 뒤로 해 손가락을 꼬거나 발가락을 움직여 보십시오.

시어도어 루스벨트는 어렸을 때 몸이 약하고 자신감 없는 청년이었다고 털어놓았습니다. 하지만 그는 다음과 같은 방법으로 성격을 바꿀 수 있었습니다.

"어렸을 때 읽은 책의 한 구절이 항상 저에게 영향을 미쳤습니다. 작은 영국 군함의 선장이 '작전에 참가하면 누구나 겁이 나지만, 그럴 때 그 사람이 해야 하는 것은 겁이 나지 않는 것처럼 행동하는 것이다. 이런 태도를 충분히 오래 지속하다 보면 그것은 실제로 현실이 된다. 즉, 대담한 시늉이 곧 실제로 대담한 성격이 되는 것이다.'라고 설명하는 구절이었죠.

제가 선택한 원리가 바로 이것입니다. 처음에는 회색 곰, 사나운 말, 총잡이 등 모든 것이 다 무서웠습니다. 하지만 무섭지 않은 것처럼 행동하자 두려움은 점차 사라졌습니다. 대부분의 사람들도 이 원리를 선택한다면 이런 경험을 할 수 있습니다."

당신이 누군가에게 메시지를 전달하도록 지시받은 배달부라고 상상하십시오. 사람들은 배달부에게는 아무런 신경도 쓰지 않습니다. 그들이 원하는 것은 전달되는 메시지입니다. 중요한 것은 이것입니다. 메시지에 집중하고, 메시지에 마음을 담으십시오. 당신은 당신의 손금을 보듯 그것을 꿰고 있어야 합니다. 메시지를 진심으로 믿는다면, 당신은 곧 어떤 상황에서든 주인이 될 수 있고, 틀림없이 당신 자신을 지배하는 주인이 될 것입니다.

넷째, 연습하십시오! 연습하십시오! 연습하십시오!

여기서 제시하는 이 마지막 사항은 그 무엇보다 중요합니다. 지금까지 읽은 내용을 모두 잊어버린다 해도 이것만은 반드시 기억해야 합니다. 대중 연설을 할 때 자신감을 기르는 첫 번째이자 마지막 방법이며, 결코 실패하지 않는 방법이기도 한 이것은 다름 아닌 실제로 연설을 해 보는 것입니다.

연습하십시오. 연습하십시오. 연습하십시오. 이것이야말로 '없어서는 안 될, 반드시 필요한 것'입니다.

루스벨트는 이렇게 경고했습니다.

"어떤 초보자든지 처음 사냥에 나서면 '사슴열'을 갖게 됩니다. '사슴열'은 신경이 극도로 흥분되어 있는 상태로, 대중 앞에서 처음 연설을 하는 사람에게도 나타납니다. 이런 사람에게 필요한 것은 용기가 아닌, 신경을 통제하고 냉철한 정신 상태를 갖는 것입니다. 이것은 오직 실제 훈련을 통해서만 얻을 수 있습니다.”

끈질기게 노력하십시오. 주중에 바빠서 준비하지 못했으니 연습을 쉬어야지 하는 생각은 버리십시오. 준비를 했든 못했든 여러분은 반드시 참석해야 합니다.

대중 연설의 공포증을 없애고 싶은가요? 그렇다면 그 원인이 무엇인지 생각해 보십시오. 제임스 하비 로빈슨 교수는 “두려움은 무지와 불확실성에서 생겨난다.”라고 말했습니다. 다시 말해, 두려움은 자신감 부족의 결과라는 것입니다. 그렇다면 그 원인은 무엇일까요? 그것은 여러분이 실제로 무엇을 할 수 있는지 모르기 때문입니다. 그리고 여러분이 할 수 있는 것을 모르는 이유는 그와 관련된 경험이 부족하기 때문입니다. 만일 여러분에게 성공적인 경험이 있다면 두려움은 따스한 햇살 아래 사라지는 밤이슬처럼 녹아 버릴 것입니다.

분명한 한 가지 사실은, 누구나 수영을 배우려면 물에 뛰어들어야 한다는 것입니다. 여러분은 이 책을 충분히 읽었으니, 이제 책은 옆으로 치우고 실제 행동으로 옮겨 보십시오.

용기와 자신감을 키워라

- 두려움은 누구나 겪는 자연스러운 감정입니다. 유명한 연설가들도 처음엔 모두 긴장했습니다.
- 자신감은 특별한 재능이 아니라, 노력으로 키울 수 있는 능력입니다.
- 연설 공포증을 이겨 내려면 네 가지 원칙이 필요합니다. 강한 열망, 철저한 준비, 자신감 있는 행동, 반복적인 연습입니다.

| 실전 팁 |

1. '왜 발표를 잘하고 싶은지' 적어 보세요. 발표를 잘했을 때 얻을 수 있는 장점들을 구체적으로 떠올리고 기록하며 스스로에게 동기를 부여하세요.
2. '준비 전문가'가 되어 보세요. 발표 주제에 대해 누구보다 잘 알게 되면 자신감은 자연스럽게 따라옵니다.
3. '용감한 척' 행동해 보세요. 심장이 쿵쾅거려도 당당하게 서고, 큰 소리로 말하며, 스스로에게 용기를 주세요.
4. 매일 조금씩 연습하세요. 거울 앞에서 혼자 연습하거나, 친구들에게 이야기하는 등 꾸준히 반복하는 것이 중요합니다.

준비를 잘하면
자신감이 생긴다

말하기는 철처한 준비가 중요하다

1912년부터 매년 약 6,000건의 연설을 듣고 평가하는 것은 저의 중요한 일 중 하나입니다. 이 일을 하면서 제가 가장 확실하게 느낀 것은 딱 한 가지입니다. "연설을 시작하기 전에 반드시 철저한 준비가 필요하다." 여러분이 마음속에 진정으로 전하고 싶은 메시지가 있다면, 그 연설은 저절로 술술 나오게 됩니다. 잘 준비된 연설은 이미 90%는 성공한 것과 다름없습니다.

대부분의 사람이 제 강의를 듣는 주된 이유는 용기와 자신감을 얻기 위해서입니다. 하지만 많은 사람이 저지르는 가장 큰 실수는 연설 준비를 소홀히 하는 것입니다. 총알 없는 빈 총을 들고 전쟁터에 나가는 병사처럼, 준비가 부족한 상태로 발표에 나선다면 두려움이라는 적을 물리칠 수 있을까요? 당연히 그럴 수 없습니다.

링컨 대통령도 이렇게 말했습니다. "아무리 나이가 들어도, 할 말이 없는 상황에서 당황하지 않고 연설할 수는 없을 것이다."

만약 여러분이 자신감을 얻고 싶다면, 자신감을 갖기 위한 연습을 해야 합니다. 사도 요한은 "완벽한 사랑은 두려움을 물리친다."라고 말했는데, 이는 완벽한 준비에도 똑같이 적용됩니다. 웹스터는 "준비가 덜 된 채 청중 앞에 서느니 옷을 덜 입고 나가는 편이 낫다."라고 말하기도 했습니다.

왜 이렇게 준비를 강조하는 걸까요? 많은 사람이 '준비'가 무엇인지, 어떻게 해야 제대로 준비할 수 있는지 잘 모르기 때문입니다. 그래서 이번 장에서는 연설을 위한 올바른 준비 방법에 대해 자세히 이야기해 드릴게요.

연설을 준비하는 올바른 방법

연설은 어떻게 준비해야 할까요? 책을 읽는 것도 하나의 방법이긴 하지만, 가장 효과적인 방법은 아닙니다. 책에 담긴 '박제된 사고'를 그대로 가져와 자기 것인 양 말하면 어딘가 부족한 부분이 느껴지기 때문입니다. 청중은 그 이유를 정확히 모르더라도, 감동을 받지는 않죠.

예를 들어 볼까요? 얼마 전 저는 뉴욕시에 있는 여러 은행 임원들을 위한 연설 강좌를 진행했습니다. 그들은 굉장히 바쁜 사람들이어서 충분한 준비를 하기가 어려웠습니다. 자신만의 유일한 경험을 40년 동안 쌓아 왔는데도, 정작 연설에 쓸 소재가 자신 안에 있다는 사실은 깨닫지 못했죠. 마치 '속삭이는 소나무와 전나무'만 볼 뿐, 그 뒤에 있는 울창한 숲을 보지 못하는 것과 같았습니다.

저는 이 그룹을 매주 금요일 저녁에 만났습니다. 어느 금요일, 시내 은행에서 근무하던 잭슨 씨는 오후 4시 30분이 되자 사무실을 나와 잡지 한 부를 사서 지하철을 탔습니다. 지하철 안에서 '성공을 위해 남은 시간은 10년뿐'이라는 글을 읽으며 발표 내용을 채우려 했죠.

한 시간 뒤 그는 그 글의 내용에 대해 연설을 시작했습니다. 결과는 어땠을까요? 그는 자신이 말하려는 것을 온전히 소화하지 못했습니다. 그저 '말하려고 노력'했을 뿐, 진정한 메시지가 없었죠. 연설 내내 기사의 내용만 반복했고 자신의 이야기는 조금도 하지 않았습니다.

저는 그에게 이렇게 말했습니다. "잭슨 씨, 우리는 그 글을 쓴 필자가 아닌, 당신과 당신의 생각을 알고 싶어요. 다음 주에도 같은 주제로 연설해 볼까요? 오늘 읽었던 글에 당신이 동의하는지 생각해 보고, 당신 자신의 경험을 통해 이야기를 구체화해 보세요. 그 글은 연설을 위한 출발점으로만 생각하고 말이죠."

그는 이 제안을 받아들였습니다. 자신이 필자의 의견에 동의하지 않는다는 결론을 내린 뒤, 그는 다시는 지하철에서 시간을 때우는 식으로 연설을 준비하지 않았습니다. 그의 생각은 머릿속에서 스스로 성장했습니다. 때로는 신문 기사를 읽거나 친구와 이야기할 때도 그 주제에 대한 생각이 끊임없이 떠올랐습니다. 그럴 때마다 그의 생각은 깊어지고 풍성해졌습니다.

다음 주 강의 시간에 잭슨이 그 주제에 대해 발표할 때, 그는 마치 자신의 광산에서 캐낸 광석이나 자신의 조폐국에서 찍어 낸 화폐를 가지고 있는 사람처럼 온전히 자신의 생각을 전달했습니다. 불과 일주일 사이에 같은 사람이 같은 주제에 대해 한 발표였음에도, 그 차이는 정말 엄청났습니다. 제대로 된 준비는 이처럼 큰 변화를 가져옵니다.

연설에서 절대 실패하지 않는 방법

또 다른 사례를 이야기해 드릴게요. 워싱턴 D.C.에서 열린 교육 과정에 플린이라는 남자가 있었습니다. 어느 날 그는 수업 시간에 워싱턴이라는 도시를 칭찬하는 연설을 했습니다. 그는 시내 신문에서 피상적인 글들을 모아 왔죠. 당연히 그의 연설은 무미건조하고 밋밋했습니다. 그의 열정은 전혀 느껴지지 않았습니다.

그런데 2주 뒤 플린에게 큰일이 벌어졌습니다. 공용 주차장에 세워 둔 그의 캐딜락을 누가 훔쳐 간 것입니다. 경찰서에 달려가 현상금까지 걸었지만 소용이 없었고, 한 경찰관은 "그런 범죄는 잡기 어렵다."고 말했죠. 그런데 놀랍게도 그 경찰관은 불과 일주일 전, 주차 시간을 15분 초과했다며 플린에게 딱지를 끊었던 사람입니다.

이 '딱지 경찰'은 플린을 잔뜩 화나게 했습니다. 그는 엄청난 분노를 느꼈고, 이제야 진정으로 할 이야기가 생겼습니다. 신문에서 베껴 온 이야기가 아닌, 그의 삶과 경험에서 우러나온 이야기였죠.

워싱턴을 칭찬하는 연설에서는 한 문장 한 문장을 잇기 힘들어했던 그였지만, 이번에는 달랐습니다. 일어서서 입을 열자마자 경찰에 대한 비난이 마치 베수비오 화산의 용암처럼 끓어오르고 넘쳐흘렀습니다.

이런 식의 연설은 누구나 성공할 수 있습니다. 경험에 깊은 생각이 더해지면 실패할 확률이 거의 없기 때문입니다.

예일대학교 학장의 현명한 조언

연설을 준비한다는 것은 몇 개의 완벽한 문장을 적거나 외우는 일일까요? 아니면 여러분에게 별 의미 없는 생각들을 모으는 것일까요? 둘 다 아닙니다.

진정한 준비는 여러분의 생각, 아이디어, 소신, 느낌들을 모으는 과정입니다. 여러분은 깨어 있는 동안은 물론이고, 심지어 꿈을 꾸는 동안에도 이런 생각들을 끊임없이 만들어 내고 있습니다.

여러분이라는 존재는 마치 바닷가의 조약돌처럼, 수많은 경험과 느낌으로 가득 차 있습니다. 진정한 준비란, 이 조약돌들을 떠올려 가장 인상 깊은 것을 골라낸 뒤, 여러분만의 고유한 모양으로 다듬는 것을 의미합니다. 어려워 보이나요? 그렇지 않습니다. 그저 목표를 향해 집중하고 깊이 생각하는 노력이 필요할 뿐입니다.

몇 년 전, 예일 신학대 창립 100주년 기념행사에서 찰스 레이놀드 브라운 박사님이 '설교의 기술'이라는 강좌를 진행했습니다. 30년 넘게 설교를 준비하고 다른 사람들을 도운 그였기에, 그의 조언은 성직자뿐만 아니라 발표를 준비하는 우리 모두에게 유익할 것입니다.

브라운은 다음과 같이 조언합니다.

"여러분이 정한 주제에 대해 깊이 생각하십시오. 그 주제가 여러분의 마음속에서 말랑말랑해져 반응할 때까지 말입니다. 작은 생각의 씨앗들을 확장하고 성장시킨다면, 틀림없이 유익한 생각들을 많이 얻게 될 것입니다.

이 과정은 오래 지속될수록 좋습니다. 발표 준비를 발표 직전으로 미루지 마세요. 어떤 주제에 대한 생각을 발표하기 1개월, 6개월, 혹은 1년 전부터 마음속에 가지고 있다면 새로운 생각들이 끊임없이 솟구쳐 풍성한 열매를 맺을 것입니다. 걸을 때도, 기차를 타고 갈 때도, 심지어 한밤중에라도 그 주제를 생각할 수 있습니다. 저는 밤중에 좋은 생각이 떠오르면 일어나서 적어 두곤 합니다. 아침에 일어나면 잊어버릴까 염려되어서죠.

떠오르는 모든 생각을 기록하십시오. 종잇조각이나 오래된 편지 뒷면, 봉투 한 귀퉁이, 휴지, 아니면 여러분 손에 닿는 그 어떤 것에든 기록하십시오. 이것은 대형 인쇄 용지에 기록하는 것보다 훨씬 효과적입니다. 기록물을 정리할 때 조그마한 종이가 생각을 배열하고 구성하는 데 더 편리하기 때문입니다. 마음속에 떠오르는 생각들을 깊이 생각하고 기록하는 습관을 가지세요. 이것은 가장 중요한 정신 활동 중 하나이고, 진정한 생산력이라는 측면에서 여러분의 정신을 성장시킬 것입니다.

여러분 스스로가 가장 즐거울 수 있는 연설, 그리고 청중에게 가장 좋은 영향을 줄 수 있는 연설은 대개 여러분 안에서 나옵니다. 그것은 여러분의 뼈와 살, 지적 노고와 창조적 에너지의 결과물입니다. 여기저기서 조금씩 가져다 이어 붙인 연설은 항상 남의 이야기처럼 어색하고 흔한 냄새가 납니다. 살아 움직이는 연설,

사람들의 마음속으로 들어가 그들을 솟아오르는 독수리처럼 날아오르게 하는 진정한 연설은 오직 발표자 자신이 가진 생명의 에너지에서 나오는 것입니다."

링컨의 연설 준비 방법

미국 역사상 가장 위대한 연설가 중 한 명인 에이브러햄 링컨은 어떻게 연설을 준비했을까요? 다행히 그의 방법은 우리에게 잘 알려져 있습니다. 예일 대학의 브라운 학장도 링컨의 방법을 추천했죠.

링컨은 평소에 일하고, 밥을 먹고, 길을 걷고, 심지어 어린 아들을 데리고 정육점에 갈 때조차 연설에 대해 생각했습니다. 그는 빈 봉투나 종잇조각 등 손에 닿는 모든 것에 생각의 단편이나 문장을 메모했습니다. 이렇게 모은 자료를 자신의 큰 모자에 넣고 다녔죠. 시간이 날 때마다 그것들을 꺼내어 전체적인 글을 쓰고 정리했습니다.

1858년, 링컨과 **더글러스** 상원의원의 토론회에서 더글러스는 어디서든 같은 연설을 반복했습니다. 하지만 링컨은 끊임없이 연구하고 고

> **스티븐 더글러스**(1813~1861). 미국의 정치인. 키는 작았으나 정치적 영향력이 커 '작은 거인'이라는 별명으로 불렸다. 노예 제도를 주민 투표로 결정하자는 '인민 주권론'을 주장했으며, 1858년 일리노이 상원의원 선거에서 에이브러햄 링컨과 역사적인 논쟁을 벌인 것으로 유명하다.

35

민하며 매번 새로운 연설을 만들어 냈고, 주제도 계속 확장해 나갔습니다.

대통령이 된 링컨은 백악관으로 들어가기 전, 헌법 한 권과 몇 개의 연설문 외에는 아무런 참고 자료도 없이 스프링필드의 한 가게에 있는 낡은 방으로 들어갔습니다. 그리고 그곳에서 방해받지 않고 자신의 취임 연설문을 작성했습니다.

그렇다면 역사에 길이 남은 **게티즈버그 연설**은 어떻게 준비되었을까요? 잘못 알려진 이야기도 많지만, 실제 과정은 아주 흥미롭습니다.

게티즈버그 묘지 봉헌식 위원회는 미국에서 가장 뛰어난 연설가로 인정받던 에드워드 에버렛에게 먼저 연설을 부탁했습니다. 봉헌식은 원래 10월 23일로 계획되었지만, 에버렛은 짧은 시간 안에 준비하기 어렵다며 거절했습니다. 그래서 봉헌식은 한 달 뒤인 11월 19일로 미뤄졌죠. 에버렛은 마지막 며칠 동안 게티즈버그를 직접 찾아가 전투 현장을 살펴보고 모든 것을 몸으로 체험하며 연설을 준비했습니다.

그런데 봉헌식 초대장을 받은 많은 사람들과는 달리, 링컨 대통

령이 참석 의사를 밝히자 위원회는 깜짝 놀랐습니다. "대통령에게
도 연설을 부탁해야 할까?" 하고 고민했죠. 링컨에게는 연설을 준
비할 시간이 없을 것이고, 과연 그런 엄숙한 행사에 맞는 연설을
할 능력이 있을지에 대한 의문도 있었습니다. 하지만 만약 그들이
미래를 볼 수 있었다면, 링컨이 그 봉헌식에서 역사에 남을 명연
설을 할 줄 알았다면, 그들은 1,000번은 더 고민했을 것입니다.

봉헌식 2주 전, 위원회는 뒤늦게 링컨에게 '짧은 인사말'을 부탁
했습니다. 글자 그대로 '짧은 인사말'이라고만 적힌, 무례한 초대
장이었죠. 그러나 링컨은 곧바로 연설 준비를 시작했습니다. 그는
에버렛의 연설문 초고를 받아 읽었고, 심지어 사진관에 가서 사진
을 찍을 때도 손에서 놓지 않았습니다.

링컨은 연설에 대해 끊임없이 고민했습니다. 백악관과 전쟁 사
무실을 오가면서도, 소파에 누워 보고를 기다리는 중에도 생각을
멈추지 않았습니다. 그는 연설문 초고를 커다란 종이에 적어 자신
의 큰 실크 모자 속에 넣고 다니며 계속 내용을 구체화했습니다.

연설하기 전 일요일, 그는 자신이 신뢰하던 기자에게 이렇게 말
했습니다.

"아직 완벽한 연설문을 쓰지 못했네. 두세 번 고쳐 쓰긴 했지만,
만족하려면 좀 더 손을 봐야 할 것 같네."

봉헌식 전날, 링컨은 게티즈버그에 도착했습니다. 인구 1,300

명인 작은 마을에 15,000명의 인파가 몰려들어 북적거렸죠. 거리는 사람들로 가득했고, 밴드들이 곡을 연주하며 활기찬 분위기였습니다. 링컨이 묵고 있던 집 앞으로 사람들이 몰려와 연설을 요청했지만, 그는 다음 날 연설할 것임을 간결하게 밝혔습니다. 그는 그날 밤늦게까지 연설문을 다듬었고, 심지어 옆집에 묵고 있던 국무장관을 찾아가 연설문에 대한 평가를 부탁하기도 했습니다.

다음 날 아침 식사 뒤 그는 행사에 참석할 시간이 될 때까지 계속해서 연설문을 다듬었습니다. 그를 수행했던 카 대령은 뒷날 이렇게 말했습니다. "대통령은 행렬이 시작되자 말 위에 꼿꼿이 앉아 군 지휘관을 바라보았지만, 행렬이 지나간 뒤에는 몸을 숙이고 팔을 늘어뜨린 채 머리를 숙였습니다. 마치 깊은 생각에 잠긴 것처럼 보였지요." 우리는 그가 그 순간에도 단 열 문장밖에 안 되지만 영원히 기억될 자신의 짧은 연설을 다듬고 있었다고 추측할 수 있습니다.

링컨의 연설 중 그가 큰 관심을 두지 않았던 몇몇은 실패작이었습니다. 하지만 노예 제도와 연방에 대해 연설할 때는 놀라운 능력을 발휘했죠. 왜 그랬을까요? 그 주제들은 링컨이 항상 끊임없이 생각하고 있던 것이었기 때문입니다. 일리노이주의 한 여관에서 링컨과 같은 방을 썼던 한 직원은 다음 날 아침, 침대에 앉아 벽을 바라보고 있는 링컨을 보았다고 합니다. 그에 의하면 링컨의 첫마디는 다음과 같았죠.

"반은 노예로, 반은 자유인으로 나뉜 이 정부는 영원할 수 없다."

나만의 연설을 준비하는 방법

이제 여러분의 발표를 준비하는 방법에 대해 이야기해 드릴게요.

첫째, 발표 주제는 스스로 정하세요.

가장 좋은 주제는 바로 여러분이 흥미를 느끼는 것입니다. 물론 때로는 선생님이 주제를 정해 주기도 하지만, 가능하다면 여러분이 정말 좋아하는 것을 선택해 보세요.

둘째, 짧게 한두 가지 관점에만 집중하세요.

짧은 연설에 너무 많은 내용을 담으려다 보면 오히려 핵심이 사라집니다. 한두 가지 관점만 선택하고, 그 내용을 풍부하게 채우는 데 집중하세요.

셋째, 주제를 '마음속에 키워야 합니다.'

발표할 주제를 정했다면, 일주일 전부터 그 주제에 대해 충분히 생각할 시간을 가지세요. 매일 그 주제를 생각하고, 잠들기 전에도 떠올려 보세요. 아침에 일어나서 학교 갈 때, 엘리베이터를 기다릴 때, 점심시간에도 계속해서 생각하는 것입니다. 친구들과 그 주제에 대해 이야기하며 토론해 보세요. 그리고 스스로에게 가능한 한 많은 질문을 던져 보세요. 예를 들어, '환경 오염'에 대해 발표한다면 '환경 오염은 왜 심각해졌을까?', '우리 동네에서는 어떤 환경 문제가 있을까?', '내가 할 수 있는 일은 무엇일까?'처럼 말이죠.

예를 들어 당신이 이 교육을 받기로 결정한 이유에 대해 발표한다고 가정해 봅시다. 이때 여러분은 스스로에게 다음과 같은 질문을 던져야 합니다. '나의 문제점은 무엇일까? 이 과정을 통해 무엇을 얻고 싶은가? 예전에 사람들 앞에서 말해 본 적이 있나? 있다면 어땠지? 왜 이 교육이 내게 도움이 될 거라고 생각하는가? 내가 아는 사람 중에 자신감 있고 말 잘해서 성공한 사람이 있는가? 혹시 자신감이 부족해서 성공하지 못한 사람은 없는가? 있다면 그 사람에 대해 구체적으로 이야기해 보자.'

처음 몇 번의 수업에서는 2~3분 동안 사람들 앞에서 생각하며 이야기하는 것만으로도 충분합니다. '내가 이 강의를 듣는 목적' 같은 주제는 여러분의 경험과 욕망이 담겨 있어 매우 쉽습니다. 이 주제에 대해 조금만 고민하면 내용을 잊어버리는 일은 거의 없을 겁니다. 왜냐하면 여러분은 자신의 이야기를 하게 될 테니까요.

여러분이 만약 자신의 미래 직업에 대해 발표해야 한다고 가정해 봅시다. 이미 여러분에게는 그 주제에 대한 풍부한 경험과 자료가 있으니, 그중에서 가장 효과적인 부분을 골라내는 작업만 하면 됩니다.

가장 중요한 것은 3분 안에 모든 것을 말하려 하지 않는 것입니다. 그렇게 하면 내용이 너무 얕고 단편적으로 변해서 청중에게 깊은 인상을 남기기 어렵습니다. 여러분이 선택한 주제의 한 가지 측면에만 집중하고, 그 부분을 깊이 파고들어 확장해 보세요.

예를 들어, 여러분이 왜 그 직업을 선택하게 되었는지 대해 이야기하는 건 어떨까요? 그리고 앞으로 그 직업을 통해 무엇을 하고 싶은지 말하는 것이지요.

다른 사람의 이야기에 귀 기울이는 것을 좋아하듯이, 여러분의 진솔한 이야기는 청중에게 큰 울림을 줍니다. 경험을 바탕으로 한 실제 이야기는 언제나 확실한 발표 소재가 될 수 있습니다.

여분의 힘을 믿자

마찬가지로, 연설도 넉넉하면서도 까다로운 마음으로 준비해야 합니다. 100가지 생각을 모은 뒤 그중 90가지를 버릴 각오로요. 사용할 가능성이 없어 보이는 자료까지도 더 많이 수집하세요. 그러면 여러분은 주제에 대해 상세히 알고 있다는 느낌을 받고, 이는 여러분에게 심리적 안정감을 줄 것입니다. 이는 연설하는 태도에도 긍정적인 영향을 미칩니다. 이처럼 충분한 자료를 준비하는 일은 매우 중요하지만, 많은 연설가가 이 점을 잊곤 합니다.

스탠더드 오일의 역사에 관한 책을 쓴 유명한 언론인 아이다 M. 타벨은 몇 년 전 저에게 이런 이야기를 해 준 적이 있습니다. 그녀가 파리에 있을 때, 잡지사 설립자가 대서양 해저 케이블에 관한 짧은 기사를 써 달라고 연락했죠. 아이다는 런던으로 가서 통신사 책임자를 만나 필요한 자료를 충분히 수집했습니다. 하지만 거기서 멈추지 않았습니다. 그녀는 대영 박물관에 전시된 모든 종류의 케이블을 연구하고, 케이블 역사에 관한 책을 읽었으며, 심지어 런던 근교에 있는 케이블 제조 공장까지 직접 찾아가 제조 과정을 살펴보았습니다.

그녀는 왜 기사에 쓸 양보다 열 배나 더 많은 정보를 수집했을까요? 그런 작업이 자신에게 '여분의 능력'을 줄 것임을 느꼈기 때문입니다. 말로 표현하지는 않았지만, 그녀는 자신이 확실하게 파악한 사실들이 주는 힘과 자신감을 알고 있었던 겁니다.

여러분은 이렇게 물을지도 모릅니다. "무슨 소리예요? 제가 그 많은 일을 다 할 시간이 있을 거라고 생각하는 건 아니겠죠? 저는 학교도 가야 하고, 숙제도 해야 하고, 친구들과 놀 시간도 부족하단 말이에요. 박물관에 가서 온종일 전시물을 보거나, 침대에 앉아 연설문을 외울 수는 없어요!"라고 반박하고 싶을지도 모릅니다. 저도 여러분이 바쁜 일상을 보내고 있다는 사실을 잘 알고 있습니다.

만약 여러분이 발표를 준비할 여유가 생길 때까지 이 훈련을 미루기만 한다면, 절대 그런 때는 오지 않을 겁니다. 하지만 습관이 되면 어려운 일이 아닙니다. 그러니 일주일 중 특정한 날을 정해 2시간 동안 이 과제에만 집중하는 원칙을 세우십시오. 이것이 가장 확실하고 체계적인 방법입니다. 그러니 지금 당장 시도해 보세요.

준비를 잘하면 자신감이 생긴다

- 준비된 연설은 이미 90% 성공한 것입니다.

- 진정한 준비란 '책이나 기사'에서 베껴 오는 것이 아니라, '자신의 경험과 생각'에서 우러나온 이야기를 하는 것입니다.

- '여분의 능력'을 갖추면 자신감이 생깁니다. 발표에 쓸 내용보다 10배 이상 많은 자료를 조사하세요.

=== | 실전 팁 | ===

1. 발표 주제를 '마음속에 키우세요'. 발표 주제를 정하고, 일주일 전부터 걷거나 밥을 먹을 때도 계속해서 그 주제에 대해 생각하세요.

2. 모든 것을 기록하세요. 떠오르는 생각의 조각들을 종이, 메모 앱 등 어디든 좋으니 바로바로 기록하세요.

3. 자신만의 경험에 집중하세요. 여러분의 가장 솔직한 이야기는 청중에게 깊은 울림과 신뢰를 줍니다.

유명 연설가들은
이렇게 준비했다

발표도 체계적인 구성이 필요하다

예전에 저는 뉴욕 로터리 클럽의 식사 모임에 참석한 적이 있습니다. 그날 초청 연설가는 유명한 정부 관료였죠. 높은 지위에 있었기 때문에 그의 연설에 대한 기대가 매우 컸습니다. 그는 자신이 속한 정부 부처의 활동에 대해 이야기할 예정이었는데, 뉴욕의 사업가라면 누구나 관심 가질 만한 주제였습니다. 그는 주제에 대해 잘 알고 있었고, 필요한 것보다 훨씬 많은 정보도 가지고 있었죠. 하지만 그는 말할 소재를 제대로 선별하거나 정리하지 않았습니다. 그저 무모한 용기만으로 연설을 시작했죠. 그는 어딘가로 가고는 있었지만, 자신이 어디를 향해 가는지도 모르는 듯 보였습니다.

그는 즉석 연설을 하려 했지만, 결국 주머니에서 메모 한 뭉치를 꺼냈습니다. 그리고 비서가 자료를 모아 줬다고 고백했죠. 그 말은 아무도 의심하지 않았습니다. 그 메모지들은 마치 고철 더미를 잔뜩 실은 화물차처럼 전혀 정돈되어 있지 않았으니까요. 그는 신경질적으로 메모지를 뒤적이며 혼란에서 벗어나려 애썼지만, 불가능했습니다. 청중에게 사과하고 물을 달라고 하더니, 떨리는 손으로 물을 마신 뒤 이미 했던 말을 반복하고 메모지를 보았습니다. 시간이 흐를수록 그는 길을 잃었고, 당황한 나머지 이마에는 땀이 맺히고 손은 바들바들 떨렸죠.

그의 실패를 지켜보던 우리는 동정심과 함께 난처함을 느꼈습니다. 그의 일이 마치 우리 일인 것처럼 말이죠. 하지만 그는 계속 메모지를 뒤적이고, 사과를 하며 물을 들이켰습니다. 그를 제외한 모든 사람은 이 연설이 완벽한 실패로 끝나 가고 있다는 사실을 알고 있었기에, 그가 자리에 앉아 더는 몸부림치지 않는 것을 보고 안도했습니다

정말로 그것은 제 인생에서 가장 듣기 힘든 연설이었고, 그는 가장 창피하고 부끄러운 연설자였을 것입니다. 그는 무슨 말을 해야 할지 모르는 상태에서 연설을 시작해서, 결국 무슨 말을 했는지도 모르는 채 연설을 끝냈습니다.

이 사례에서 우리는 아주 중요한 사실을 배울 수 있습니다.

"생각이 정리되어 있지 않은 사람은 생각을 많이 할수록 더욱 혼란스러워진다."

이것은 영국의 철학자 허버트 스펜서의 말입니다. 제대로 된 사람이라면 설계도 없이 집을 짓지 않겠죠? 연설도 마찬가지 입니다. 설계 없이는 할 수 없는 것입니다.

연설은 목적지를 향해 나아가는 항해와 같습니다. 그러니 출발하기 전에 항해 지도를 먼저 그려야 합니다. 어디로 가는지 모르는 채 출발한 사람은 결국 어디로 가는지 모르는 곳에 도착하기 마련입니다.

대상을 받은 연설은 어떻게 구성될까

이 이야기는 예전에 제가 가르치던 학생 중 한 명이 전국 연설 대회에서 대상을 받은 연설에 대한 분석입니다. 여러 도시에서 온 27편의 연설을 제치고 1등을 차지한 이 연설은 구성이 매우 뛰어나고, 재미있는 사실들을 제시하며 생동감이 넘쳤습니다. 한번 자세히 살펴볼까요?

연설의 시작은 이렇습니다.

존경하는 의장님, 그리고 회원 여러분.

144년 전, 미국은 필라델피아라는 도시에서 태어났습니다. 이처럼 특별한 역사를 가진 도시에는 미국을 만든 정신이 살아 숨 쉬고 있습니다. 그리고 그 정신은 이 도시를 미국 최대의 산업 도시이자, 세계에서 가장 아름다운 도시 중 하나로 성장시켰습니다.

필라델피아는 약 200만 명이 사는 도시입니다.

그 넓이는 밀워키, 보스턴, 파리, 베를린을 모두 합친 것만큼이나 크며, 그중에서도 약 8,000에이커의 땅이 공원과 광장, 거리로 꾸며져 시민들이 자유롭게 쉬고 즐길 수 있는 공간이 되고 있습니다.

이뿐만 아니라 필라델피아는 세계적인 산업 도시로도 유명합니다. 이곳에는 약 9,200개의 공장이 있고, 40만 명에 달하는 사람이 일하며 10분마다 10만 달러에 해당하는 물건들을 생산합니다.

양모, 가죽, 모자, 공구, 전선, 축전지 등등…… 미국 어디를 가도 필라델피아만큼 많은 종류의 물건을 만드는 도시는 찾기 어렵습니다.

이 도시에서는 밤낮으로 2시간마다 철도 차량이 한 대씩 만들어지고, 국민 절반 이상이 이곳에서 만든 전차를 이용하고 있습니다.

1분마다 1,000개의 시가를 만들고, 작년에는 115개 공장에서 국민 수의 두 배나 되는 양의 스타킹을 생산했습니다.

카펫과 러그도 영국과 아일랜드 전체보다 많이 생산하고 있으며, 연간 어음 교환액은 370억 달러에 달해 미국 전체의 국채를 갚고도 남을 정도입니다.

이처럼 필라델피아는 산업적으로 놀라운 발전을 이룬 도시입니다.

하지만 저는 그보다 더 자랑스럽게 생각하는 것이 있습니다.

바로 '집을 가진 시민들'입니다. 필라델피아에는 약 39만 7,000채의 단독 주택이 있습니다.

이 집들을 폭 7.5미터로 한 줄로 쭉 세운다면 이곳 필라델피아에서 시작해 캔자스를 지나 덴버까지, 무려 1,881마일의 거리로 이어집니다.

제가 이 이야기를 드리는 이유는, 이 도시의 노동자들이 직접 집을 소유하고 있다는 사실이야말로 우리가 진짜 자랑해야 할 부분이라고 생각하기 때문입니다.

사람들이 안정적으로 머무를 집을 갖고 있을 때, 이상한 사상이나 혼란스러운 사회 운동이 퍼질 가능성은 훨씬 줄어듭니다.

필라델피아는 유럽의 격변처럼 불안정한 환경이 자라기 쉬운 곳이 아닙니다.

이 도시의 가정, 교육, 산업은 진정한 미국 정신으로 뿌리내린 우리의 유산이기 때문입니다.

필라델피아는 미국 자유의 시작점입니다.

이곳은 첫 번째 미국 국기가 만들어졌고, 독립선언문이 작성되고 서명된 도시이며, 자유의 종이 사람들의 가슴을 울리던 곳입니다. 그래서 우리는 '황금 송아지'를 섬기듯 돈만을 따르는 삶이 아니라, 미국의 정신과 자유를 지키고 전하는 일에 헌신해야 한다고 믿습니다.

하느님의 뜻 아래, 워싱턴과 링컨, 그리고 시어도어 루스벨트의 정신은 앞으로도 이 세상 사람들에게 깊은 울림을 주게 될 것입니다.

이제 함께 이 연설을 분석해 봅시다. 제가 짚어 낸 4가지 포인트를 유심히 살펴보세요.

이 연설의 가장 큰 장점은 시작과 끝이 분명하다는 것입니다. 그는 '친애하는 여러분'처럼 평범한 말로 시작하지 않고, 구체적인 사실로 바로 들어갑니다. 마치 활짝 날개를 펼친 기러기처럼 지체 없이 목적지로 날아가는 것 같죠.

1. 추상적인 것을 구체적으로 만들기

발표자는 필라델피아가 "세상에서 가장 크고 아름다운 도시 중 하나"라고 말합니다. 이 말은 사실 평범하고 진부할 수 있지만, 그는 여기에 아주 특별한 덧붙임을 합니다. "인구 200만 정도가 사는 필라델피아의 면적은 밀워키와 보스턴, 그리고 파리와 베를린을 모두 합친 것과 비슷합니다." 이렇게 말함으로써 청중은 필라델피아의 규모를 머릿속으로 생생하게 그려 볼 수 있습니다. 통계치가 적힌 종이 한 장보다 훨씬 더 강력하게 다가오죠.

2. 통계에 생명 불어넣기

다음으로 그는 "필라델피아는 세계의 대규모 공장"이라고 말합니다. 자칫 과장처럼 들릴 수 있지만, 그는 여기서 멈추지 않고 구체적인 통계로 청중을 설득합니다.

"40만 명에 달하는 사람들이 일하며 10분마다 10만 달러에 해당하는 물건들을 생산합니다."

"2시간마다 철도 차량이 한 대씩 만들어지고, 국민 절반 이상이 이곳에서 만든 전차를 이용하고 있습니다."

"1분마다 1,000개의 시가를 만들고, 카펫과 러그도 영국과 아일랜드 전체보다 많이 생산하고 있으며" 이런 구체적인 예시들은 청중의 호기심을 자극하고, '내가 어제 탄 전차도 필라델피아에서 만든 건가?' 같은 생각을 하게 합니다.

3. 하나의 주제가 끝나면 다음으로 넘어가기

이 연설은 한 가지 주제를 완전히 끝낸 뒤에는 다시 그 주제로 돌아가지 않았습니다. 이는 매우 중요한 점입니다. 많은 발표자가 이리저리 왔다 갔다 하며 청중을 혼란스럽게 만들지만, 이 연설가는 정해진 계획대로, 마치 자신이 언급했던 철도 차량처럼 직진했습니다.

4. 감정에 호소하는 클라이맥스

연설의 마지막 부분은 감정적인 문제에 집중하며 클라이맥스로 향합니다. 발표자는 필라델피아에 단독 주택이 많다는 사실을 이야기하며, 이것이 사회주의 같은 위험한 사상으로부터 도시를 지켜 주는 이유라고 말합니다. 그는 이 도시가 "미국 자유의 발상지"임을 강조하며 청중의 마음에 불을 지폈습니다.

"필라델피아는 최초로 미국 국기를 만들었고…… 독립선언문 서명이 이루어진 도시이며…… 자유의 종이 수만 명의 가슴을 뛰게 하던 도시입니다." 이런 역사적 사실들이 연설의 감정적 효과를 극대화합니다.

이 연설은 구성 면에서 정말 훌륭했습니다. 만약 아무런 감정이나 열정 없이 조용히 발표했다면 평범한 연설에 그쳤을 겁니다.

이 연설이 대상을 받은 것은 전혀 놀랄 일이 아닙니다.

콘웰 박사가 연설을 준비하는 방법

앞에서도 이야기했지만, 연설을 구성할 때 딱 정해진 정답은 없습니다. 모든 연설에 똑같이 들어맞는 구조나 설계도 같은 것은 없기 때문입니다. 하지만 도움이 될 만한 유용한 구성 방식은 몇 가지 소개할 수 있습니다.

『다이아몬드의 땅』이라는 책으로 유명한 러셀 H. 콘웰 박사는, 자신의 연설을 다음과 같은 순서로 준비했다고 말한 적이 있습니다.

- 먼저 사실을 말합니다.
- 그 사실을 바탕으로 논리적인 이야기를 전개합니다.
- 마지막으로, 행동할 것을 권유합니다.

콘웰 박사의 이 방법은 실제로 많은 사람들이 연설을 준비할 때 큰 도움이 된다고 합니다. 조금 더 쉽게 표현하자면, 이렇게도 정리할 수 있습니다.

- 지금 잘못된 상황이 무엇인지 알려 주기
- 그 상황을 어떻게 바꿔야 할지 생각해 보기
- 그리고 서로 협력해서 해결해 보자고 말하기

혹은 또 이렇게 표현할 수도 있습니다.

- 여기 고쳐야 할 문제가 있습니다.
- 이 문제를 이런 방식으로 해결할 수 있어요.
- 그러니 당신도 이렇게 함께 도와주세요.

한편, 이 책의 15장 '행동을 이끌어 내는 방법'에서도 또 다른 방식의 연설 구성이 소개되어 있습니다. 그 부분을 요약하면 아래와 같습니다.

- 청중의 관심을 먼저 끌어낸다.
- 신뢰할 수 있는 사람이라는 인상을 얻는다.
- 사실을 제시하고 자신의 주장에 어떤 장점이 있는지 설명한다.
- 이제 사람들이 행동하도록 동기에 호소한다.

이 방법이 궁금하다면, 책의 15장을 펼쳐 좀 더 자세히 살펴보면 좋겠습니다. 연설에는 여러 가지 방식이 있겠지만, 무엇보다 중요한 건 듣는 사람의 입장에서, 진심을 담아 준비하는 것이라는 사실을 잊지 마세요.

베버리지 상원의원의 연설 계획법

앨버트 J. 베버리지 상원의원은 『대중 연설법』이라는 책에서 연설 준비에 대해 이렇게 말했습니다.

"연설가는 자신의 주제에 대해 완벽히 알고 있어야 합니다. 이는 그 주제와 관련된 모든 사실을 모으고, 정리하고, 깊이 연구해야 함을 의미합니다. 데이터뿐만 아니라 모든 측면에서 말이죠. 그리고 그 내용이 가정이 아니라 확실한 사실인지 확인해야 합니다. 어떤 것도 당연하게 여기지 말고, 모든 항목을 꼼꼼하게 검토하세요.

이 과정은 고통스러울 수 있습니다. 하지만 여러분은 지금 시민들에게 정보를 제공하고 조언하는 사람, 자신을 전문가라고 내세우는 사람입니다. 그러니 어떤 문제에 대한 사실을 모아 정리하고, 거기서 나온 해결책에 대해 철저히 생각하십시오. 그렇게 하면 여러분의 연설은 독창성과 고유한 힘을 갖게 될 것입니다. 즉, 생명력이 있고 더욱 강력해질 겁니다. 그런 다음 여러분의 생각을 가능한 한 명확하고 논리적으로 기록하십시오."

이 조언을 간단히 말하면, 사실의 양면을 모두 살펴보고, 그 사실들을 바탕으로 명확하고 구체적인 결론을 제시하라는 것입니다.

우드로 윌슨과 루스벨트의 연설 준비 방법

우드로 윌슨(1856~1924). 미국의 제28대 대통령으로, 제1차 세계대전에서 미국의 승리를 이끌었다. 모든 민족은 스스로 정치적 운명을 결정할 권리가 있다는 '민족 자결주의'를 내세운 것으로 유명하다. 전후 국제 평화를 위해 '국제 연맹' 창설을 제안한 공로로 노벨 평화상을 받았다.

제28대 미국 대통령이었던 **우드로 윌슨**에게 자주 사용하는 연설 준비 방법을 물었습니다. 그는 이렇게 대답했죠.

"나는 먼저 내가 다루고 싶은 소재를 나열한 뒤, 그것들의 자연스러운 관계를 마음속으로 정리하며 시작합니다. 즉, 요지를 구성하는 것이죠. 그리고 그것들을 빠르게 기록합니다. 나는 시간을 아끼기 위해 속기하는 습관이 있습니다. 그런 다음 속기한 내용을 타이핑하면서 구절도 바꾸고 문장을 수정하며 소재를 추가합니다."

시어도어 루스벨트 대통령은 자신만의 방법으로 연설을 준비했습니다. 그는 먼저 모든 사실을 찾아내고, 그것을 꼼꼼히 검토하고 평가해서 흔들리지 않는 확신을 가졌습니다. 그런 다음, 자신이 말하는 것을 받아 적는 사람에게 빠르게 말해서 연설문 안에 즉흥성과 생동감이 느껴지도록 만들었죠. 타이핑된 원고를 보며 수정하거나 내용을 추가하고 삭제하는 과정을 반복했습니다. 그는 이렇게 말했습니다.

"나는 많은 수고를 들여 최선의 판단을 하고, 미리 계획하며 작업하지 않고서는 어떤 결과를 만들어 낸 적이 단 한 번도 없다."

때때로 루스벨트는 비평가들을 불러 자신의 연설을 들려 주거나 직접 읽어 주기도 했습니다. 그는 이미 연설의 핵심을 확고히 정했기 때문에 '무엇을 말할 것인가'에 대해서는 토론하지 않았습니다. 대신 '어떻게 말해야 하는가'에 대해 조언을 구했죠. 그는 타이핑된 원고를 여러 번 검토하고 수정했습니다. 신문에 실린 그의 연설문은 모두 이러한 과정을 거친 결과물이었죠.

물론 그는 연설문을 외우지 않고 즉흥적으로 말했기 때문에, 실제 연설과 신문 기사 내용에 약간의 차이가 있긴 했습니다. 하지만 그의 수정 작업은 정말 훌륭했습니다. 이 과정을 통해 그는 자료에 완전히 익숙해졌을 뿐만 아니라, 자신이 전달하려는 내용의 핵심을 완벽하게 정리할 수 있었습니다. 또한 다른 어떤 방법으로도 얻기 힘든 매끄러움과 확실성, 세련미를 갖추는 데도 큰 도움이 되었습니다.

영국의 저명한 물리학자 올리버 로지 경은 저에게 이런 이야기를 했습니다. 연설문을 빠르게 구술해서 녹음하는 것이 아주 훌륭한 훈련 방법이라고 말이죠.

저의 수업에 참여했던 많은 학생들도 녹음기를 사용해 연설을 연습하고 들어 보면서 큰 도움을 얻었습니다. 때로는 자신의 모습에 깨달음을 얻기도 하고, 때로는 환상이 깨지는 기분을 느끼기도 하지만, 저는 이 훈련을 적극적으로 추천합니다.

메모를 정리하고 선별하라

여러분은 앞서 '메모를 하라'는 조언을 들었습니다. 이제 여러분이 가진 다양한 생각과 사례들을 종이에 적은 다음, 그것들을 가지고 '놀이'를 해 보세요. 이렇게 모은 메모 묶음은 여러분이 할 연설의 핵심 내용이 될 겁니다.

이 메모들을 더 작은 단위로 나누고, 필요 없는 부분은 과감하게 버리세요. 가장 알차고 좋은 알맹이만 남기는 겁니다. 때로는 그렇게 남긴 알맹이조차도 사용하지 않고 구석에 두어야 할 수도 있죠. 제대로 된 작업을 한다면, 여러분이 모은 재료의 일부분만 사용할 수 있습니다.

연설문이 완성되기까지 이 수정 작업을 멈추지 마세요. 심지어 연설을 마친 뒤에도 '이런 내용을 여기에 넣었어야 했는데……' 하고 아쉬움이 들 때가 있을 겁니다. 좋은 연설가는 보통 연설을 마치고 네 가지 종류의 연설이 있음을 깨닫는다고 합니다.

연설할 때 메모를 활용하는 방법

즉흥 연설의 대가였던 링컨도 대통령이 된 뒤로는 비공식 연설을 할 때조차 연설문을 미리 작성했습니다. 정부 공식 문서의 내용은 매우 신중하게 선택해야 했기 때문이죠. 하지만 일리노이에 있을 때는 메모 없이 연설했습니다. 그는 "메모는 언제나 청중을 피곤하게 하고 혼란스럽게 한다."라고 말했습니다.

여러분도 그렇게 생각하지 않나요? 메모가 연설의 재미를 떨어뜨리고, 연설가와 청중 사이의 친밀감을 방해하지 않나요? 메모를 사용하면 발표자가 자신감이 없어 보이고, 청중이 발표자를 신뢰하기 어렵게 만들기도 합니다.

그럼 메모를 아예 쓰지 말아야 할까요? 아닙니다. 준비할 때는 메모를 정성을 다해 작성해야 합니다. 혼자 연습할 때는 메모가 큰 도움이 될 수 있습니다. 청중 앞에 있을 때도 주머니에 메모지가 있으면 마음이 편해지겠죠. 하지만 그 메모는 비상 도구처럼 사용해야 합니다. 기차 침대 차량에 있는 망치나 도끼처럼, 정말 죽음이나 재난의 위협을 느낄 때만 꺼내 쓰는 것입니다.

만약 메모를 사용해야 한다면, 커다란 종이에 큰 글씨로 간략하게 적으세요. 그리고 연설할 때 단상에 있는 책들 사이에 숨겨두어 청중에게 약점을 들키지 않도록 하세요. 영국의 존 브라이트는 메모지를 모자 안에 숨겨 놓곤 했습니다.

하지만 연설에 익숙하지 않은 사람이라면, 긴장 때문에 준비한 내용을 모두 잊어버릴 수도 있습니다. 그럴 때는 짧게 요약된 메모를 손에 가지고 있는 것이 좋습니다. 아이들이 처음 걸음마를 시작할 때 가구를 잡고 일어서는 것처럼, 익숙해질 때까지는 잠시 의지할 곳이 필요하기 때문입니다.

발표문을 외우려 하면 안 된다

연설문을 글자 그대로 읽거나 통째로 외우는 것은 시간 낭비일 뿐 아니라, 연설을 망치는 지름길입니다. 제가 이렇게 경고해도 많은 사람이 이 방법을 시도합니다. 연설문을 모두 외운 사람은 사람들 앞에 섰을 때 무슨 생각을 할까요? 자신이 하고 싶은 말이 아니라, 외운 문장을 정확히 떠올리려고 애씁니다. 그 순간, 여러분의 머릿속은 뒤로 돌아가는 것처럼 엉키게 됩니다.

이런 식으로 발표하면 여러분의 연설은 딱딱하고 차갑게 느껴질 겁니다. 여러분의 개성은 사라지고, 발표는 비인간적인 느낌을 줄 수 있습니다. 부디 이런 일에 시간과 에너지를 낭비하지 않길 바랍니다.

중요한 사람과 대화할 때 여러분은 의자에 앉아 할 말을 외우나요? 그렇지 않죠. 말할 내용이 명확히 정리될 때까지 생각하고, 필요한 메모를 훑어보면서 생각할 겁니다. '이런 점에 대해 말해야겠군. 이 문제를 해결해야 하는 이유는 이것 때문이지.'라고요. 그리고 그 이유에 대한 구체적인 예시도 떠올릴 겁니다. 여러분의 연설문도 이런 방식으로 준비하면 되는 것입니다.

그랜트 장군의 연설 준비 방법

남북전쟁 당시, 남부의 로버트 E. 리 장군이 항복 조건을 적어 달라고 했을 때, 북부의 수장이었던 그랜트 장군은 펜과 종이를 달라고 했습니다.

1861~1865년 발생한 **남북전쟁**은 미국에서 노예제 폐지를 주장하는 북부와, 노예제 존속을 주장하는 남부 사이에 벌어진 내전이다. 4년간의 전쟁 끝에 남부가 북부에 항복함으로써 노예제는 폐지되었다.

그랜트 장군은 자신의 자서전에서 이렇게 밝혔습니다.

"항복 조건을 적을 때 어떤 말을 써야 할지 나는 전혀 몰랐다. 내가 아는 것은 내 생각뿐이었으니, 나는 오해의 여지가 없을 정도로만 내 생각을 명확히 표현하고자 했다."

그랜트 장군은 어떤 말로 문서를 시작해야 할지 몰랐지만, 확고한 생각만으로도 충분했습니다. 그에게는 확신이 있었고, 간절하고 명확하게 말하고 싶은 마음이 있었습니다. 그 결과, 의식적으로 노력하지 않았음에도 그랜트가 자주 쓰는 구절들이 저절로 튀어나왔죠. 이처럼 확신과 열정은 말하고자 하는 바를 명확하게 만듭니다.

2,000년 전, 고대 로마의 시인 호라티우스는 연설에 대해 이렇게 말했습니다.

"어떻게 말할까 고민하지 말고 오직 사실과 생각을 추구하라. 그러면 말은 찾지 않아도 넘쳐 날 것이다."

이 말은 연설의 본질을 꿰뚫고 있습니다. 훌륭한 연설은 말솜씨에서 나오는 것이 아니라, 말하려는 내용에 대한 확고한 생각과 깊은 이해에서 비롯된다는 뜻입니다. 말에 집중하기보다, 여러분의 생각을 채우는 데 집중하세요. 그러면 자연스럽게 말이 따라올 것입니다.

연설 내용을 완벽하게 정리했다면, 이제 처음부터 끝까지 연습해야 합니다.

길을 걷거나 버스를 기다리는 동안에는 조용히 머릿속으로 연설을 떠올려 보세요. 혼자 방에 있을 때는 큰 목소리로 몸짓까지 곁들여 생명과 열정을 담아 연습해 보세요.

연습할 때는 여러분 앞에 진짜 청중이 있다고 상상해 보세요.

이런 상상을 정말 실감 나게 한다면, 실제 청중 앞에서도 마치 이미 경험했던 것처럼 자연스럽고 편안하게 말할 수 있을 겁니다.

농부들은 왜 링컨이 게으르다고 생각했을까?

앞에서 소개한 연설 연습법은 많은 유명 연설가가 실제로 사용했던 것입니다.

젊은 시절 링컨도 유명 연설가들의 강연을 듣기 위해 왕복 40마일(약 64km)을 걸어 다녔습니다. 연설을 듣고 집으로 돌아오는 길에 그는 너무 흥분한 나머지 연설가가 되기로 결심했죠. 때로는 들판에서 일하던 다른 일꾼들을 불러 모아 나무 그루터기 위에 올라가 연설을 하곤 했습니다. 그러자 사장은 이 '게으른 녀석'이 농담과 연설로 다른 일꾼까지 망쳐 놓는다며 화를 냈다고 합니다.

하지만 농부들이 게으르다고 생각했던 링컨의 이런 행동이 뒷날 그를 위대한 연설가이자 미국의 대통령으로 만들었던 것이죠.

영국의 총리였던 하버트 애스퀴스는 옥스퍼드에서 학생 토론 모임에 적극적으로 참여하며 처음으로 연설을 익혔습니다. 이후 그는 직접 토론 모임을 만들기도 했죠. 우드로 윌슨이나 헨리 워드 비처 같은 위대한 연설가들도 모두 토론 모임을 통해 연설 실력을 키웠습니다. 노벨 평화상을 받은 일라이휴 루트 역시 뉴욕

YMCA에서 열린 문학 모임에 참가하며 연설 실력을 길렀습니다.

유명한 연설가들의 경력을 살펴보면 한 가지 공통점을 발견할 수 있습니다. 바로 누구보다 열심히 연습했다는 점이죠. 지금 이 교육 과정에서 가장 빠르게 실력이 향상되는 사람 또한 꾸준히 연습하는 사람입니다.

연습할 시간이 없다고?

'너무 바빠서 연습할 시간이 없다.'라고 생각하는 분들이 많을 겁니다. 하지만 걱정하지 마세요. 유명인들도 바쁜 와중에 시간을 냈습니다. 변호사 조지프 초트는 조간신문에 얼굴을 파묻는 척하며 연설을 구상했습니다. 그러면 아무도 그를 방해하지 않았죠. 철도 회사 사장이자 상원의원인 천시 M. 데퓨 역시 아주 바쁜 사람이었습니다. 그럼에도 거의 매일 밤 연설 연습을 했습니다. "사업에 방해되지 않도록 퇴근 뒤 늦은 저녁에야 연설을 준비했다." 라고 말했죠.

만약 시간이 부족하다면, 아놀드 베넷의 『하루 24시간 어떻게 살 것인가』라는 책을 읽어 보세요. 이 책의 페이지를 뜯어내 주머니에 넣고 여유가 날 때마다 읽으세요. 저는 그런 식으로 이틀 만에 그 책을 다 읽었답니다. 이 책은 시간을 아끼고 하루를 효율적으로 사용하는 방법을 가르쳐 줍니다.

여러분은 규칙적인 일상에서 벗어나 변화와 여유가 필요합니다. 가능하다면 이 교육 과정에 참여한 다른 사람들과 일주일에 한 번 정도 만나 연설 연습을 해 보세요. 만약 시간이 없다면, 집에서 가족들과 함께 즉흥 연설 게임을 하는 것도 좋은 방법입니다.

유명 연설가들은 이렇게 준비했다

- 체계적인 연설 구성이 필요합니다. 연설을 시작하기 전에 '항해 지도'를 먼저 그려야 길을 잃지 않습니다.
- 추상적인 말보다 구체적인 이야기가 더 강력합니다. 청중이 머릿 속에 그림을 그릴 수 있도록 이야기하세요.
- 열정과 진심이 가장 중요합니다. 아무리 훌륭한 내용이라도 진심 이 담겨 있지 않으면 청중을 감동시킬 수 없습니다.
- 끈기와 노력만이 실력을 향상시킵니다. 위대한 연설가들도 모두 끊임없이 연습했습니다.

| 실전 팁 |

1. '연설 설계도'를 만들어 보세요. 발표할 내용의 시작, 중간, 끝을 미리 계획하고, 이야기의 순서를 정리해 보세요.

2. '경험'을 발표 소재로 삼으세요. 책이나 인터넷에서 찾은 이야기 보다 여러분이 직접 겪은 일이 훨씬 흥미롭고 설득력 있습니다.

3. 틈틈이 '생각하는 습관'을 들이세요. 링컨처럼 걸을 때나 밥을 먹 을 때도 발표 주제에 대해 생각하고, 떠오르는 아이디어를 즉시 메모하세요.

4. 연설문을 통째로 외우지 마세요. 핵심 키워드만 외워서 자연스 럽게 말하는 연습을 반복하세요.

5. 열정을 담아 말하세요. 여러분이 진심으로 흥미를 느끼는 주제를 선택하고, 그 감정을 솔직하게 드러내 보세요.

기억력을
향상시켜라

기억력의 법칙 3가지

심리학자 칼 시쇼어 교수는 이렇게 말했습니다.

"보통 사람은 자신이 물려받은 기억력의 10%도 사용하지 못합니다. 우리는 기억의 자연적인 법칙을 어기면서 90%를 낭비하고 있죠."

혹시 여러분도 자신이 이 '보통 사람'에 속한다고 생각하나요? 만약 그렇다면 여러분은 학업이나 일상생활에서 여러 어려움을 겪고 있을 겁니다. 하지만 걱정 마세요. 이번 장에서는 우리가 낭비하고 있는 90%의 기억력을 되찾는 법, 즉 '기억의 자연법칙'을 알려 드리겠습니다. 연설은 물론이고 공부나 다른 모든 일에서도 이 법칙을 어떻게 활용할 수 있는지 보여 드릴게요.

'기억의 자연법칙'은 매우 단순합니다. 여러분이 기억력을 향상시키기 위해 알아야 할 것은 단 세 가지 법칙뿐입니다. 이 세 가지 법칙은 모든 기억 체계의 기본이 되죠. 바로 인상, 반복, 결합입니다.

첫 번째 법칙: 인상(Impression)

좋은 기억력을 갖기 위한 첫 번째 규칙은 '마음에 간직하고 싶은 것들에 대해 깊고 생생한, 지워지지 않을 인상을 가질 것'입니다. 이를 위해서는 집중이 필요하죠.

시어도어 루스벨트 대통령은 뛰어난 기억력으로 사람들을 놀라게 했습니다. 그는 사람들의 인상을 물에 새기는 대신, 철판에 기록하듯 기억했기 때문입니다. 그는 끊임없는 연습을 통해 어떤 상황에서도 집중할 수 있도록 자신을 단련했습니다.

1912년, 시카고에서 열린 전당 대회에서 있었던 일입니다. 루스벨트는 본부가 있는 호텔에서 밖의 모든 소음을 무시한 채 흔들의자에 앉아 그리스 역사서인 『헤로도토스』를 읽고 있었습니다. 길거리의 군중은 깃발을 흔들며 "시어도어! 시어도어!" 하고 외쳤고, 밴드는 군중의 함성에 맞춰 연주를 했습니다. 많은 정치인이 정신없이 오갔고 회의가 수시로 열렸지만, 그는 그 모든 것을 잊

10대를 위한 데일 카네기 성공대화론

은 듯 책에 집중했습니다.

브라질의 황량한 지역을 여행할 때도 마찬가지였습니다. 저녁 무렵 캠프장에 도착하자마자 그는 마른 곳에 간이 의자를 꺼내 앉아 『로마제국 쇠망사』를 읽기 시작했습니다. 그는 곧 책에 깊이 빠져들어 비가 내리는 것도, 캠프장의 소음과 움직임도, 열대 우림에서 들려오는 소리도 다 잊은 듯했습니다. 이렇게 몰입할 수 있는 사람이기에 자신이 읽은 내용을 모두 기억한다는 사실은 놀랄 일이 아닙니다.

집중하며 보낸 5분은 멍한 상태로 보낸 여러 날보다 훨씬 더 나은 결과를 가져옵니다.

1년에 100만 달러 이상을 벌었던 베들레헴 철강 회사의 사장, 유진 G. 그레이스도 이렇게 말했죠.

"내가 배운 것 중 가장 중요한 것은 '지금 하고 있는 일에 집중하라'는 것이다. 나는 매일 어떤 상황에서라도 그것을 위한 훈련을 한다."

이것이 바로 기억력을 향상시키는 비결 중 하나입니다.

발명가 **토머스 에디슨**은 자신의 직원 27명이 6개월 동안 매일 같은 길로 출근하면서도, 길가에 있는 벚나무를 단 한 명도 알아보지 못했다는

토머스 에디슨(1847~1931). 미국의 발명가이자 사업가. 전구, 축음기, 활동사진 등 1,000가지가 넘는 발명품을 만들어 '발명의 왕'이라 불렸다. 글로벌 기업 제너럴 일렉트릭의 설립자이기도 하다.

사실을 발견했습니다.

에디슨은 이렇게 말했습니다.

"보통 사람의 뇌는 눈에 보이는 것 가운데 수천 분의 일도 인식하지 못합니다. 우리가 가진 진정한 인식 능력은 믿기지 않을 정도로 형편없죠."

어떤 사람에게 당신의 친구 두세 명을 소개했다고 가정해 봅시다. 만약 그가 평범하다면 2분만 지나도 소개받은 사람들의 이름을 하나도 기억하지 못할 가능성이 높습니다. 왜 그럴까요? 그것은 그가 처음에 충분한 관심을 기울이지 않아 사람들을 제대로 인식하지 않았기 때문입니다. 당신은 그에게 기억력이 좋지 않다고 말할지 모르지만, 사실은 그렇지 않습니다. 그는 단지 관찰력이 부족한 것입니다.

퓰리처상은 1917년 언론인 조지프 퓰리처의 유언으로 만들어진 상이다. 언론, 문학, 음악 분야에서 뛰어난 업적을 남긴 사람에게 수여하며, 미국 언론계에서는 최고의 영예로 여겨진다.

'**퓰리처상**'의 기원이 된 퓰리처는 「뉴욕 월드」를 창간했을 때, 편집실 직원들에게 책상에 다음과 같은 세 단어를 적어 두게 했습니다.

"정확성, 정확성, 정확성"

우리가 기억력을 향상시키기 위해 필요한 것도 바로 이것입니다. 상대방의 이름을 정확하게 듣고, 혹시 잘 듣지 못했다면 다시 물어보세요. 이름의 뜻이 어떻게 되는지 물어보는 것도 좋습니다.

그렇게 관심을 보이면 상대방은 기분이 좋아질 뿐만 아니라, 여러분은 집중해서 그 사람의 이름을 기억하게 됩니다. 이렇게 하면 깨끗하고 정확한 인상을 줄 수 있습니다.

링컨이 어렸을 때 다녔던 학교는 매우 독특했습니다. 유리창은 기름종이로, 바닥은 나무판자로 되어 있었죠. 교과서는 단 한 권뿐이어서, 선생님이 큰 소리로 책을 읽으면 학생들이 그 소리를 따라 반복하곤 했습니다. 수업 시간이 항상 시끄러웠기 때문에 동네 사람들은 이 학교를 '소란스러운 학교'라고 불렀습니다.

그 '소란스러운 학교'는 링컨에게 독특한 습관을 만들어 주었습니다. 바로 자신이 기억하고 싶은 것은 언제나 큰 소리로 읽는 것이었죠. 그는 매일 아침 사무실에 도착하면 소파에 누워 큰 소리로 신문을 읽었습니다. 이에 대해 그의 동료는 "참기 힘들 만큼 성가신 행동"이었다고 말했습니다. 왜 그렇게 읽느냐고 묻자, 링컨은 다음과 같이 설명했습니다.

"소리 내어 읽으면 두 가지 감각을 사용하게 됩니다. 우선 눈으로 보고, 그다음에 귀로 들을 수 있으니, 그러면 더 잘 기억할 수 있습니다."

그의 기억력은 매우 뛰어났습니다. 링컨은 이처럼 뭔가를 기억할 때 늘 두 가지 감각을 동시에 사용했습니다. 여러분도 그렇게 해 보세요. 기억하고 싶은 것을 눈으로 보고, 귀로 듣는 것을 넘어,

만져 보고 냄새 맡고 맛보는 경험까지 더하면 기억은 더욱 강력해 집니다.

하지만 이 모든 것 중에서 가장 중요한 것은 바로 '보는 것'입니다. 사람은 시각에 가장 많이 의존하기 때문에, 눈으로 새겨진 인상은 오래 남습니다. 어떤 사람의 이름은 기억나지 않아도 얼굴은 기억나는 이유가 바로 이것이죠. 눈에서 뇌로 이어지는 신경망은 귀에서 뇌로 가는 신경망보다 20배나 넓다고 합니다.

'백 번 듣는 것이 한 번 보는 것만 못하다'는 말이 있습니다. 이름, 전화번호, 연설문의 개요 등 여러분이 기억하고 싶은 것을 직접 적고 눈으로 보세요. 그리고 눈을 감고, 마치 불꽃이 타오르듯 선명하게 그 이미지를 머릿속으로 그려 보는 겁니다. 그러면 정말로 그 내용이 오래도록 기억에 남을 것입니다.

두 번째 법칙: 반복(Repetition)

여러분, 신약성서만큼 긴 이슬람 경전 '꾸란'을 통째로 외워야 입학할 수 있는 대학교가 있다는 사실을 아나요? 세계에서 가장 큰 대학교 중 하나인 이집트 카이로의 알 아자르 대학에는 2만 1,000명이 넘는 학생이 있습니다. 이 학교의 입학시험은 바로 꾸란을 모두 암송하는 것인데요. 꾸란의 길이는 신약성서와 비슷해서, 소리를 내어 외우려면 무려 사흘이나 걸린답니다.

옛 중국의 학생들, 이른바 '학동'들은 중국의 종교와 인문 관련 서적들을 통째로 외워야 했습니다. 아랍과 중국 학생들 대부분은 그저 평범한 사람들일 텐데, 어떻게 이들은 엄청난 기억력을 요구하는 시험을 통과할 수 있었을까요?

그것을 가능하게 하는 것은 바로 기억의 두 번째 자연 법칙, '반복'입니다.

만약 여러분이 자주, 그리고 충분히 반복하기만 한다면 아무리 긴 내용도 외울 수 있습니다. 외우고 싶은 지식을 반복해서 암기하고, 실제로 활용하며 적용하세요. 새로 배운 단어를 대화에 사용하고, 소개받은 사람의 이름을 자주 부르세요. 여러분의 주장을 대화에서 제시해 보세요.

이렇게 실제로 사용된 지식은 머릿속에 훨씬 오래 남습니다.

하지만 무작정 기계적으로 외우는 것만으로는 충분하지 않습니다. 우리는 '현명하게' 반복해야 합니다. 즉, 이미 뇌 속에 확실히 자리 잡고 있는 몇몇 정신적 특성들에 맞춰서 반복하는 것입니다.

심리학자 에빙하우스 교수는 학생들에게 아무 의미 없는 철자 목록을 외우게 하는 실험을 했습니다. 그 결과, 그는 하루에 30번 외우는 것보다 3일 동안 하루에 10번씩 외우는 것이 더 잘 기억하는 데 효과적임을 발견했습니다.

다른 심리학 실험들도 비슷한 결과를 보여 줍니다. 이는 우리의 기억이 작동하는 방식에 대해 매우 중요한 사실을 알려 줍니다. 뭔가가 외워질 때까지 의자에 앉아 한 번에 반복 암기하는 사람은, 적당한 시간 간격을 두고 반복해서 암기하는 사람보다 같은 결과를 얻기 위해 두 배나 더 많은 시간을 써야 한다는 의미입니다. 이것은 다음 두 가지로 설명할 수 있습니다.

첫째, 우리가 반복하는 동안 우리 뇌는 무의식적으로 더 강력한 연결고리를 만듭니다.

둘째, 간격을 두고 연습하면 뇌가 지치지 않습니다.

이 내용을 기억한다면 누구나 시험 전날 밤까지 벼락치기로 준비하는 어리석은 짓은 하지 않을 겁니다. 만약 그렇게 한다면, 여러분의 기억력은 잠재력의 절반밖에 발휘하지 못할 테니까요.

우리가 새로운 것을 배울 때, 잊어버리는 과정에 대한 아주 중요한 사실이 있습니다. 많은 심리학 실험에 따르면, 우리가 학습한 내용 중 처음 8시간 동안 잊어버리는 양이 그 뒤 3일 동안 잊어버리는 양보다 더 많다고 합니다. 그러니 발표나 시험 직전에 준비한 자료를 다시 한 번 보고 사실들을 점검하여 기억을 새롭게 만들어야 합니다.

세 번째 법칙: 결합(Association)

기억의 세 번째 법칙은 바로 '결합'입니다. 사실 결합은 기억 그 자체에 대한 설명이라고도 할 수 있죠. 심리학자 윌리엄 제임스 교수의 말을 들어 볼까요?

"기억은 단서를 필요로 합니다. 만약 제가 갑자기 '기억해!'라고만 말한다면, 여러분은 뭘 기억해야 할지 몰라 당황할 겁니다. 하지만 제가 '네 생일이 언제인지 기억해 봐.'라고 묻는다면, 여러분의 기억은 곧바로 특정 날짜를 떠올릴 겁니다."

이처럼 기억은 단서와 연결되어 작동합니다. 훈련된 기억력은 이러한 '결합'을 얼마나 다양하고 많게 형성했는지에 따라 달라집니다. 어떤 사실을 오래 기억하려면, 그 사실에 대해 가능한 한 많은 생각을 해야 합니다. 간단히 말해, 똑같은 경험을 한 두 사람 중 더 많이 생각하고 그 경험들을 체계적으로 정리한 사람의 기억력이 더 뛰어나다는 것입니다.

예를 들어, 저는 이 책을 쓰는 동안 소터 부인이라는 분과 인사를 나누었습니다. 저는 그분께 이름 철자를 물어보았고, "흔치 않은 이름이군요."라고 말했습니다. 그러자 그녀는 "네, 정말 드물죠?" 그리스어로 '구세주'라는 뜻이에요."라고 대답했습니다. 거기에 더해 그녀의 시댁 식구가 그리스 아테네 출신으로 고위 관료를 지냈다는 이야기도 들려주었습니다. 저는 이렇게 사람들이 자신의 이름에 대해 이야기하게 하면, 그들의 이름을 더 잘 기억할 수 있다는 사실을 깨달았습니다.

새로 만난 사람의 얼굴을 주의 깊게 살펴보세요. 그의 눈동자 색, 머리카락 색, 생김새를 자세히 관찰하고, 옷차림에 신경 쓰며 그가 말하는 방식을 들어 보세요. 이렇게 그의 외모와 성격에 대해 정확하고 선명한 인상을 마음속에 새긴 뒤 그 인상들을 그의 이름과 연결시키세요. 이렇게 하면 그 사람의 이름이 더 오래 기억될 겁니다.

날짜는 이미 알고 있는 중요한 날과 연결시킬 때 더 오래 기억에 남습니다.

예를 들어 볼까요? '1592년'이 어떤 해인지 외우기보다, '임진왜란이 일어난 해'라고 기억하는 것이 훨씬 쉽겠죠.

'1948년'이 대한민국 정부가 수립된 해라는 것을 외우려면, '일제로부터 해방된 광복(1945년) 3년 뒤'라고 기억하는 편이 훨씬 효과적입니다.

'1919년'에 대해 이야기할 때는, '유관순 열사'와 '3·1운동'을 함께 떠올리면 그 날짜가 머릿속에 더 확실하게 새겨집니다.

이처럼 기억하려는 날짜를 이미 알고 있는 역사적 사건이나 중요한 날과 연결하는 것은 헐거워진 나사를 조이듯 기억을 단단하게 고정시키는 방법입니다.

어떤 것을 떠올리는 방법은 딱 두 가지뿐입니다. 하나는 외부의 도움을 받는 것이고, 다른 하나는 이미 기억하고 있는 것과 연결하는 것입니다.

이것을 연설에 적용하면 이렇게 됩니다.

첫째, 메모의 도움을 받아 말할 내용을 기억할 수 있습니다. 하지만 누가 메모를 계속 보면서 말하는 발표자를 좋아하겠어요?

둘째, 여러분이 이미 알고 있는 내용과 연결해서 연설의 핵심을 기억하는 겁니다. 이때 중요한 것은 논리적인 순서대로 배열하는 것입니다. 마치 한 방의 문이 다음 방으로 연결되듯이, 첫 번째 내용이 두 번째 내용으로, 두 번째 내용이 세 번째 내용으로 자연스럽게 이어지도록 만들어야 합니다.

쉽고 간단한 방법인 것 같지만, 공포 때문에 사고력이 마비되는 초보자들에게는 쉽지 않은 일입니다. 그러나 쉽고 빠르게 연설의 요지를 통합할 수 있는 방법이 있습니다. 누구나 사용할 수 있는 이 방법은 바로 비논리적인 문장을 사용하는 것입니다.

예를 들어, 서로 아무런 연관이 없어 기억하기 어려운 '소, 담배, 나폴레옹, 집, 종교'라는 단어들을 가지고 발표해야 한다고 가정해 봅시다. 이때 다음과 같은 엉뚱한 문장을 만들어서 단어들을 사슬처럼 서로 연결해 보세요.

"소가 담배를 피우고 나폴레옹을 낚았으며, 집은 종교 때문에 다 타 버렸다."

이제 손으로 위의 문장을 가리고 질문에 답해 보세요. 세 번째 항목은 무엇인가요? 다섯 번째는요? 네 번째는요? 두 번째는요? 첫 번째는요?

어떤가요? 이 방법이 효과적인가요? 물론입니다. 우스꽝스러운 문장일수록 더 기억하기 쉽습니다. 여러분도 이 방법을 사용해 보세요.

발표를 충분히 준비했는데도 막상 사람들 앞에 서니 머릿속이 하얘지는 끔찍한 상황에 부닥쳤다고 가정해 봅시다. 10초나 15초만 있으면 무슨 말이라도 떠올릴 수 있을 것 같지만, 청중 앞에서의 15초는 마치 영원처럼 느껴지죠. 이럴 때 어떻게 해야 할까요?

당혹감과 패배감에 주저앉기엔 자존심이 허락하지 않을 겁니다. 이럴 땐 단 10초만 있으면 됩니다. 그 시간 안에 여러분은 마음을 다잡고 다시 시작할 수 있습니다.

한 유명한 정치인은 이런 상황에 처하자, 청중에게 자신의 목소리가 충분히 큰지, 뒤쪽에도 잘 들리는지 물어보았다고 합니다. 물론 그는 자신의 목소리가 충분히 크다는 사실을 알고 있었습니다. 그는 다만 생각을 정리할 시간이 필요했던 것이죠. 그렇게 얻은 짧은 시간 동안 생각을 정리하고 연설을 이어 나갔습니다.

이런 정신적 혼란 속에서 가장 좋은 방법은 방금 말했던 단어나 문장을 다음 문장의 출발점으로 삼는 것입니다. 마치 끝없이 이어지는 쳇바퀴처럼요.

예를 들어, '학교 축제 기획'이라는 주제로 연설하던 중 머릿속이 하얘졌다고 가정해 봅시다. 마지막으로 이런 말을 했었죠. "성공적인 축제를 만들기 위해서는 모두의 참여와 진정한 열정이 필요합니다."

이제 '열정'이라는 단어로 문장을 시작하는 겁니다. "열정은 우리가 지루한 회의에 참석하거나, 밤늦게까지 포스터를 만들 때도 포기하지 않게 하는 원동력입니다." 훌륭한 문장은 아니지만, 고통스러운 침묵보다는 훨씬 낫지 않나요? 방금 문장의 마지막 말은 '원동력'이었죠. 그 말로 새로운 문장을 시작해 보세요. "이런 원동력을 만들기 위해서는 단순히 지시를 따르는 것이 아니라, 스스로 아이디어를 내고 실천하는 주도성이 중요합니다."

이렇게 연설을 이어 나가는 겁니다. 즉석에서 떠오르는 평범한 의견을 말하는 동안, 원래 계획했던 연설의 다음 내용을 필사적으로 떠올리려고 노력해야 합니다. 물론 이렇게 계속하다 보면 원래의 주제에서 벗어날 수도 있습니다. 하지만 순간적으로 모든 것을 잊어버린 사람에게는 이것만으로도 훌륭한 응급 처방이 됩니다. 이 방법은 절체절명의 순간에 놓였던 수많은 연설을 구해

냈습니다.

저는 이 책에서 생생한 인상을 만드는 법, 반복하는 법, 사실들 사이의 관계를 연결하는 법에 대해 이야기했습니다. 이 모든 방법은 결국 '결합'이라는 한 가지 원칙으로 통합니다. 이 장에서 배운 원칙들을 적용하면 무엇을 외우든 그 효율성을 높일 수 있습니다. 여러분의 정신은 기본적으로 '결합하는 기계'이기 때문입니다.

기억력을 향상시켜라

- 기억의 세 가지 법칙. '인상', '반복', '결합'을 통해 기억력을 키울 수 있습니다.

- 집중해서 기억하세요. 몰입하는 5분이 멍하게 보낸 여러 날보다 훨씬 효과적입니다.

- 반복은 벼락치기 대신 간격을 두는 것이 효과적입니다.

- 기억은 '결합'으로 이루어집니다. 새로운 정보를 이미 알고 있는 정보와 연결하세요.

- 연설 중 머리가 하얘져도 당황하지 마세요. 마지막에 말했던 단어를 다음 문장의 시작으로 삼아 위기를 넘길 수 있습니다.

| 실전 팁 |

1. '관찰 일기'를 써 보세요. 일상에서 만나는 사람들의 이름, 특징, 새로운 사실들을 자세히 관찰하고 기록하는 습관을 들이세요.

2. '소리 내어' 읽어 보세요. 기억하고 싶은 내용을 눈으로 보고, 입으로 말하고, 귀로 듣는 훈련을 반복하면 기억에 오래 남습니다.

3. '연상 기억법'을 활용하세요. 외우기 어려운 단어나 숫자가 있다면, 익숙한 것과 연결하거나 우스꽝스러운 문장을 만들어 보세요.

4. '비상용 메모'를 준비하세요. 긴장될 때를 대비해 핵심 키워드만 적어 둔 메모를 주머니에 넣어 두면 심리적인 안정감을 얻을 수 있습니다.

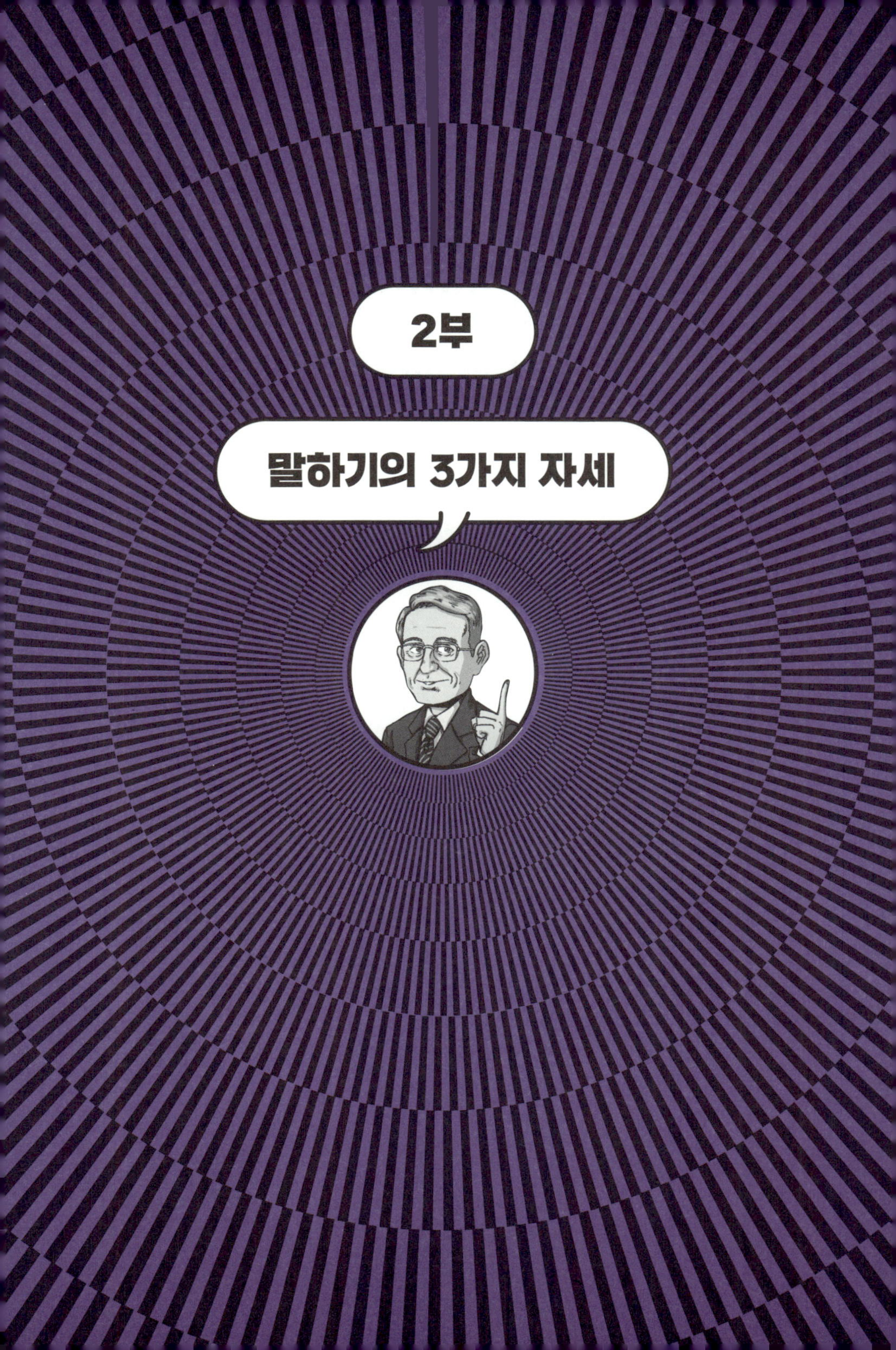
2부
말하기의 3가지 자세

PUBLIC SPEAKING AND
INFLUENCING MEN IN BUSINESS

청중을 깨어 있게
만들어라

어느 벌목꾼의 연설

예전에 셔먼 로저스라는 연설가와 함께 세인트루이스 상공회의소 모임에서 연설을 한 적이 있습니다. 저는 셔먼 로저스보다 먼저 연설을 해야 했는데, 사실 그 자리를 피하고 싶었습니다. 왜냐하면 그의 별명이 '벌목공 웅변가'였기 때문입니다. 저는 '웅변가'라고 하면 왠지 지루하고 딱딱한 사람일 거라는 편견을 가지고 있었거든요. 하지만 제 예상은 완전히 빗나갔습니다. 그의 연설은 제가 들었던 연설 중 가장 훌륭한 연설이었습니다. 적어도 그중 하나였지요.

셔먼 로저스는 누구일까요? 그는 서부의 깊은 숲에서 평생을 보낸 진짜 벌목꾼이었습니다. 그는 대중 연설에 대한 책을 읽은 적도 없고, 그 원칙에도 신경 쓰지 않았습니다. 그의 연설은 세련되지 않았고 때로는 문법에도 맞지 않았지만, 연설의 핵심 원칙을 벗어나지 않았습니다. 연설을 망치는 것은 문법적인 실수가 아니라, 장점의 부재입니다.

그의 연설은 벌목꾼의 우두머리로 산을 누비며 얻은 생생한 경험 그 자체였습니다. 그의 연설에서는 책 냄새가 전혀 나지 않았습니다. 마치 살아 있는 야수처럼 움츠리고 있다가 뛰어올라 청중을 사로잡았죠. 그의 입에서 나오는 말 한마디 한마디는 그의 가슴에서부터 뜨거운 불꽃처럼 피어올랐고, 청중은 그 열정에 전율했습니다.

그처럼 놀라운 성공의 비결은 무엇일까요? 미국의 철학자이자 시인인 랠프 월도 에머슨은 이렇게 말했습니다.

"역사에 기록된 모든 위대한 성취는 곧 열정의 승리다."

이 마법의 단어, '열정(enthusiasm)'은 사실 '안'을 뜻하는 그리스어 'en'과 '신'을 뜻하는 'theos'가 합쳐진 말입니다. 즉, 열정은 '우리 안에 있는 신'이라는 뜻이죠. 열정적인 연설가는 결국 신들린 것처럼 말하는 사람입니다.

열정은 물건을 팔거나 어떤 일을 시작할 때에도 가장 중요하고 효과적인 힘입니다.

30년 전, 50달러밖에 없는 빈털터리로 시카고에 온 한 사람이 있었습니다. 그는 매년 3,000만 달러어치의 풍선껌을 파는 사업가가 되었죠. 그 사람은 바로 뤼글리입니다. 그의 사무실 벽에는 랠프 월도 에머슨의 말이 액자에 걸려 있었습니다.

"열정 없이 이루어진 위대한 일은 없다."

저도 예전에는 대중 연설 기법을 중요하게 생각했지만, 시간이 흐르면서 연설 그 자체의 중요성을 더 믿게 되었습니다.

위대한 연설가였던 윌리엄 J. 브라이언은 이렇게 말했습니다.

"설득력 있는 말은 자신이 하는 말의 의미를 잘 알고, 진심으로 그것을 믿는 사람에게서 나옵니다. 그런 말에는 진심이 담겨 있죠. 진심이 없는 연설가에게 지식은 아무런 도움이 되지 않습니다. 설득력 있는 연설은 오직 마음에서 마음으로 전달되기 때문입니다. 연설자가 청중에게 자신의 감정을 속이는 일은 어렵습니다."

약 2,000년 전, 로마 제국의 시인도 이렇게 표현했습니다.

"다른 이의 눈에서 눈물이 흐르게 하려면 자신이 먼저 슬픔을 보여 줘야 한다."

종교 개혁가 **마르틴 루터**는 이렇게 말했습니다.

"만약 내가 멋진 곡이나 좋은 글을 쓰거나 기도나 설교를 잘하고 싶

> **마르틴 루터**(1483~1546). 독일의 신학자이자 종교 개혁가. 1517년 '95개조 반박문'을 발표해 부패한 가톨릭교회에 맞서 종교 개혁을 시작했다. 그의 사상은 개신교의 탄생에 큰 영향을 주었다.

다면 반드시 분노해야 한다. 그래야 내 핏줄의 모든 피가 소용돌이치고 감각이 예민해지기 때문이다."

기억해야 할 중요한 점은 바로 이것입니다. 연설할 때 청중의 태도를 결정하는 것은 언제나 연설자라는 겁니다. 청중은 연설자의 손 안에 있습니다.

연설자에게 열의가 없다면 청중의 열의도 없어지고, 연설자가 우물쭈물한 태도를 보이면 청중 또한 그렇게 됩니다. 만약 연설자가 연설에 조금만 마음을 둔다면 청중도 그럴 것입니다. 하지만 연설자가 자신이 말하려는 것에 대해 진지한 자세를 보이고, 마음에서 우러나 남에게 전해질 정도의 확신을 갖고 연설한다면 청중도 그의 태도에 영향을 받을 것입니다.

열의, 진지함, 열정만 있다면 연설자의 영향력은 넓게 퍼질 것입니다. 설령 500가지의 단점이 있다 해도, 그는 실패하지 않습니다.

위대한 피아니스트 루빈스타인조차 틀린 건반을 누른 적이 많았지만, 아무도 그것에 신경 쓰지 않았습니다. 왜냐하면 그는 그 전까지 밋밋한 노을밖에 볼 줄 몰랐던 사람들에게 쇼팽의 아름다운 시를 들려주었기 때문입니다.

고대 아테네의 강력한 지도자 **페리클레스**는 연설을 시작하기 전, 신들에게 자신의 입에서 가치 없는 말이 나오지 않게 해 달라고 기도했다고 합니다. 그의 말에는 영혼이 담겨 있어 사람들의 마음속 깊이 파고들었습니다.

여러분의 연설에 열정, 느낌, 영혼, 감정적인 진실을 담으세요. 그러면 청중은 여러분의 사소한 단점을 용서해 줄 겁니다. 아니, 아예 인식하지도 못할 거예요.

역사가 이를 증명합니다. 링컨은 듣기 불편할 정도로 높은 목소리로 연설했고, 고대 그리스의 위대한 웅변가 데모스테네스는 말을 더듬었습니다. 영국의 수상 윌리엄 피트는 목소리가 탁하고 거칠었죠. 하지만 이들에게는 자신의 단점을 압도할 만큼의 진실함과 열정, 그리고 간절함이 있었습니다. 바로 이것들이 다른 모든 단점을 아무것도 아닌 것으로 만들었습니다.

간절하게 말하고 싶은 주제가 있어야 한다

컬럼비아 대학의 브랜더 매튜스 교수는 '좋은 연설의 핵심은 연설자가 진정으로 말하고 싶은 무엇인가를 갖고 있는 것'이라고 말했습니다.

그는 대학에서 열린 연설 대회 심사위원이었을 때 이 사실을 깨달았다고 합니다. 대부분의 학생들은 상을 받기 위해 기술적으로 완벽한 연설을 하려고 애썼죠. 하지만 그들이 다루는 주제에 대해 개인적인 관심이나 진심이 느껴지지 않았습니다. 그저 '웅변 기술'을 뽐내는 것에 불과했죠. 하지만 줄루족 왕자 한 명은 달랐습니다.

그의 연설 주제는 '근대 문명에 기여한 아프리카'였습니다. 그는 자신이 하는 모든 말에 깊은 감정을 담았고, 그의 연설은 보여주기 위한 것이 아닌 살아 움직이는 확신과 열정으로 가득했습니다. 자신의 민족과 대륙을 대표해 나선 그는 간절히 말하고 싶었습니다.

비록 기술적인 면에서는 다른 학생들보다 부족했을지 몰라도, 결국 메달은 그에게 돌아갔습니다. 그의 연설에는 진정한 열정이 담겨 있었기 때문입니다. 그의 간절한 호소에 비하면 다른 연설들은 그저 껍데기만 화려해 보였습니다.

한 젊은이가 볼테르에게 "나는 살아야 합니다!"라고 외쳤습니다. 그러자 볼테르는 "나는 그 필요성을 인식하지 못한다."고 대답했죠.

여러분이 하는 말에 대한 세상의 태도가 대부분 이와 같을 겁니다. 세상은 여러분의 말의 필요성을 느끼지 못하죠. 하지만 성공하고 싶다면, 여러분 스스로가 그 필요성을 느껴야 합니다. 그리고 그에 대한 확신을 가져야 합니다. 지금 당장 여러분의 발표를

세상에서 가장 중요한 일이라고 여기세요.

얼마 전, 저는 파리에서 강의를 진행했는데 며칠 동안 전혀 감동 없는 연설을 계속하는 한 분이 있었습니다. 그분은 똑똑했고 정확한 지식도 많았지만, 뜨거운 열정이 없었죠. 그래서 자신이 이야기하는 사실들을 하나로 연결하지 못했습니다. 청중은 그가 중요한 무엇인가를 말하고 있다고 여기지 않았고, 당연히 그의 연설에 집중하지 않았죠. 그가 연설에 중요성을 부여하는 딱 그만큼만 청중도 받아들였습니다.

저는 연설을 여러 번 중단시키며 그에게 "더 강렬해지세요! 깨어 있어야 합니다!"라고 강조했습니다. 하지만 마치 차가워진 라디에이터에서 뜨거운 김을 억지로 끌어내려는 기분이 들었죠.

교육 후반부가 되어서야 저는 마침내 그의 준비 방법이 잘못되었음을 설득하는 데 성공했습니다. 저는 그분에게 머리와 가슴이 긴밀하게 소통해야 한다는 사실을 납득시켰고, 연설은 단순히 사실을 나열하는 행위가 아니라 그 사실에 대한 자신의 생각과 감정을 드러내는 것임을 깨닫게 해 주었습니다.

다음 주, 그가 다시 나타났을 때 드디어 표현할 가치가 있는 생각을 품고 있었습니다. 마침내 무엇인가에 대해 열정적인 관심을 갖게 된 거죠. 그는 마치 소설가 윌리엄 M. 새커리가 『베니티 페어』의 주인공을 사랑하듯, 그 메시지를 사랑했습니다. 그리고 그를 위해 어떤 노고도 마다하지 않을 준비가 되어 있었죠. 그의 연설은 뜨거운 박수갈채를 받았습니다.

이것은 실로 극적인 승리였습니다. 그는 마침내 마음으로 느낄 수 있는 진실함을 만들어 낸 것입니다.

이것이 바로 준비의 가장 중요한 조건입니다.

2장에서 보셨듯이, 진정한 연설을 준비한다는 것은 몇 가지 문장을 기계적으로 외우는 것이 아닙니다. 책이나 신문에 실린 다른 사람의 생각을 가져오는 것도 아니죠.

준비는 여러분의 정신, 마음, 삶의 깊은 곳까지 파고들어 여러분의 것이라고 할 만한 확신과 열정을 끄집어내는 것입니다.

여러분의 것! 바로 여러분 자신의 것! 그것을 파고, 또 파고, 계속 파세요. 여러분이 상상하지도 못했던 금광처럼 엄청난 것들이 그곳에 있다는 사실을 절대 의심하지 마세요. 여러분의 연설에서 가장 중요한 것은 화려한 말솜씨가 아니라, 그 뒤에 숨어 있는 여러분의 영혼과 확신입니다.

이것을 항상 기억하십시오. 당신이 하는 연설에서 가장 중요한 요인은 당신 자신입니다.

무한한 지혜를 담고 있는 에머슨의 명언을 귀담아 들어 봅시다.

"당신이 하는 말은 당신 자신이다."

이 말은 자기표현 기술 중 가장 중요한 말입니다. 그러므로 다시 한번 반복하겠습니다.

"당신이 하는 말은 당신 자신입니다."

진실하게 행동하라

1장에서 윌리엄 제임스 교수가 말한 다음 문장을 다시 떠올려 봅시다.

"행동과 감정은 동시에 일어난다. 따라서 우리가 직접 조절할 수 있는 행동을 조절하면, 조절하기 힘든 감정도 간접적으로 조절할 수 있다."

그러므로 진심으로 열정적인 느낌을 갖고 싶다면, 실제로 일어나서 진실하고 열정적으로 행동해야 합니다. 탁자에 기대지 말고 몸을 똑바로 세우고 가만히 서세요. 몸을 앞뒤로 흔들거나 지쳐서 체중을 이리저리 옮기지도 마세요. 초조함이나 자신감 없음이 드러날 수 있는 신경질적인 행동을 최대한 줄여야 합니다.

여러분의 몸을 스스로 통제하세요. 그러면 안정감과 힘이 있다는 느낌을 줄 수 있습니다. 마치 '경주를 즐기는 강한 사람'처럼 당당하게 서세요. 다시 한번 강조합니다.

폐에 산소를 가득 채우고, 청중을 똑바로 바라보세요. 마치 그들에게 아주 중요한, 급하게 전해야 할 말이 있다는 듯이 말이죠.

교사가 학생들을 보듯이 자신감과 용기를 갖고 청중을 응시하세요. 여러분은 지금 교사이고, 청중은 여러분의 가르침을 받기 위해 모인 학생들입니다. 그러니 자신 있고 힘차게 말하십시오.

힘이 있는 제스처를 사용하라

제스처가 아름다운지, 우아한지는 신경 쓰지 마세요. 오직 힘차고 자연스러워 보이는지만 생각하세요. 이 순간에는 다른 사람에게 무엇인가를 보여 주기 위해서가 아니라, 여러분 자신을 위해 제스처를 취하세요. 그러면 기적이 일어납니다.

라디오를 통해 여러분의 연설을 듣고 있는 사람들을 위해서도 끊임없이 제스처를 사용하세요. 청중은 여러분의 동작을 볼 수 없겠지만, 그 결과는 그들에게 전달됩니다. 적극적인 제스처는 여러분의 목소리와 태도에 생동감과 에너지를 더해 주니까요.

저는 무기력한 연설자의 연설을 중간에 멈추게 하고, 강한 제스처를 취하도록 했습니다. 처음에는 어색하고 억지로 시작했던 몸짓이 결국 그 연설자를 일깨우고 자극해 자발적인 제스처로 이어지게 했죠. 연설자의 표정이 밝아지고, 태도와 자세도 훨씬 진실하고 활발해졌습니다.

크게, 또렷하게 말하라

다른 무엇보다, 입을 크게 벌리고 큰 소리로 말하세요.

위커샴 법무장관은 "보통 대중 연설가들은 10미터만 떨어져도 목소리가 들리지 않습니다."라고 말한 적이 있습니다. 이 말이 과장된 것 같다고요? 저는 최근 한 명문대 총장의 연설을 들었는데, 네 번째 줄에 앉았음에도 그의 말 절반을 알아들을 수 없었습니다. 또 어느 유럽 대사는 너무 우물거려서 6미터 떨어진 곳에서도 그의 연설을 들을 수 없었죠.

경험 많은 연설자들도 이런 실수를 하는데, 초보자들은 오죽할까요? 많은 사람이 큰 소리로 말하면 남들이 자신을 비웃을까 걱정합니다. 하지만 기억하세요. 작은 글씨는 가까이에서만 읽을 수 있지만, 큰 글씨는 멀리서도 잘 보입니다. 여러분의 목소리도 마찬가지입니다. 대화하듯 말하되, 크고 강하게 말하세요.

진실한 행동은 진실한 느낌을 낳습니다.

청중이 졸 때 가장 먼저 해야 할 일

어느 시골 목사가 헨리 워드 비처에게 "더운 일요일 오후에 신자들이 조는 걸 막으려면 어떻게 해야 합니까?"라고 물었어요. 그러자 비처는 이렇게 답했죠.

"뾰족한 막대기를 든 사람을 옆에 두고, 목사가 졸지 못하게 찌르면 됩니다."

저는 이 일화를 정말 좋아합니다. 이 이야기는 뚱뚱하고 복잡한 어떤 책보다 초보자에게 연설의 핵심을 더 잘 이해시켜 줍니다. 청중이 조는 이유는 그들의 잘못이 아니라, 연설자가 그들을 깨어 있게 만들지 못했기 때문이니까요.

연설을 배우는 사람이 자신을 잊고 연설에 몰입할 수 있는 가장 확실한 방법은 바로 자신을 완전히 내던지는 것입니다. 그렇게 하면 연설에 정열과 영혼, 그리고 생기가 넘치게 될 것입니다.

저는 곧 연설할 학생들에게 옆방에 가서 맥박이 뛰고 얼굴에 생기가 돌 때까지 몸을 두드리게 했습니다. 또한, 연설을 준비하는 과정에서는 큰 몸짓과 함께 목소리를 높여 격렬하게 'A, B, C'를 반복하게 했죠.

마치 앞으로 달려 나가려는 경주마처럼 청중 앞에 서는 것이 훨씬 바람직하지 않을까요?

연설을 하기 전에는 충분히 쉬는 것이 좋습니다. 가장 좋은 방법은 편안한 옷을 입고 몇 시간 정도 잠을 자는 겁니다. 그리고 가능하다면 차가운 물로 샤워하며 몸을 세게 문지르세요. 사람들 앞에서 훌륭하게 연설을 하려면 상당한 정신력과 체력이 필요하기 때문입니다.

모호한 표현은 피하라

연설에 힘을 불어넣고 분명하게 말해야 합니다. 하지만 모든 것을 너무 단정적으로 말해서도 안 됩니다. 무지한 사람들만이 매사에 단정적인 법이니까요.

반대로, 자신감이 없는 사람들은 "……인 것 같습니다", "아마도", "제 생각에는" 같은 모호하고 약한 표현을 자주 사용합니다. 연설을 처음 하는 사람들이 흔히 저지르는 실수가 바로 이것입니다. 단정적으로 말하는 것이 아니라, 이렇게 약한 표현들을 사용함으로써 연설의 효과를 떨어뜨리는 것이죠.

나는 뉴욕의 한 사업가가 자동차를 타고 코네티컷을 여행한 경험을 발표하던 것을 기억합니다. 그는 이렇게 말했죠. "길 왼편에는 양파 같은 것을 심은 밭이 있었습니다."

'양파 같은 것'은 없습니다. 양파면 양파고 아니면 아닌 것이죠. 그게 양파인지 아닌지 구별하는 데 특별한 능력이 필요한 것도 아닙니다. 얼마나 말도 안 되는 표현인가요.

루스벨트는 이런 표현을 '족제비 어구'라고 불렀습니다. 족제비가 알맹이만 쏙 빼 먹고 껍데기만 남기는 것처럼, 이런 표현들은 말의 내용물만 빨아 먹고 빈 껍데기만 남기기 때문입니다. 움츠리고 변명하는 듯한 말투, 텅 빈 껍데기 같은 말들은 듣는 사람에게 신뢰나 확신을 주지 못합니다.

세계적으로 위대한 지도자들은 마치 그들의 주장을 뒤집을 만한 가능성이 전혀 없다는 듯이 강하게 말했습니다. 그들의 말에는 흔들리지 않는 확신이 담겨 있었죠.

석가모니 부처는 죽음을 앞두고 합리화하거나 애원하지 않았습니다. 오직 권위를 가진 사람으로서 이렇게 말했습니다.

"내가 가르친 대로 걸어라."

수백만 명의 인생을 지배하는 이슬람 경전, 꾸란은 예비 기도가 끝나자마자 다음과 같은 구절로 시작됩니다.

"이 책에 대해 아무 의심도 가지지 마라. 이것은 명령이다."

빌립보 감옥의 수감자가 바울에게 "제가 어떻게 구원받을 수 있겠습니까?"라고 물었을 때, 그의 대답은 논쟁이나 모호한 표현이 아니었습니다. 바울의 대답은 선생님으로서의 엄연한 명령이었죠.

"주 예수 그리스도를 믿어라. 그러면 구원받을 것이다."

하지만 앞서 말했듯, 모든 상황에서 너무 단정적으로 말해서는 안 됩니다. 시간, 장소, 주제, 청중에 따라 지나친 확고함은 오히려 방해가 될 수 있습니다.

일반적으로 청중의 지적 수준이 높을수록 단정적인 주장의 효과는 낮아집니다. 이런 사람들은 안내받기를 원하지, 억지로 끌려다니는 것을 원하지 않습니다. 그들은 사실을 들은 뒤 스스로 결론을 내리고 싶어 하죠. 질문받는 것은 좋아하지만, 당연한 소리를 계속 떠드는 것은 듣고 싶어 하지 않습니다.

청중을 사랑하고 존중하자

몇 년 전, 저는 영국에서 대중 강연을 열기 위해 몇 사람을 고용해 훈련시킨 적이 있습니다. 힘들고 비용도 많이 드는 일이었습니다. 어떻게 되었을까요? 그들 중 세 명은 해고했고 한 명은 미국으로 돌려보냈습니다. 그들의 가장 큰 문제는 진심으로 청중에게 마음을 다하지 않았다는 점이었습니다.

그들은 오직 자신과 자신의 월급에만 관심이 있었죠. 사람들은 그것을 금세 알아차렸습니다. 그들이 청중에게 차갑게 대하자, 청중 역시 그들에게 차갑게 반응했습니다. 결국 그들은 소리를 내는 나팔이나 딸랑거리는 심벌즈와 다를 바 없었습니다. 사람들은 연설자가 하는 말이 머리에서 나오는지, 가슴에서 나오는지 빠르게 알아챕니다. 심지어 강아지조차 그런 걸 눈치챌 수 있습니다.

저는 위대한 대중 연설가였던 링컨에 대해 특별한 연구를 했습니다. 그는 미국에서 가장 사랑받는 인물이자, 미국 최고의 연설가라는 사실을 의심할 여지가 없습니다.

그의 천재적인 면도 있지만, 저는 그가 청중을 사로잡는 능력의 대부분이 그의 동정심, 정직성, 선량함에서 나왔다고 믿습니다. 그는 진심으로 사람들을 좋아했습니다. 그의 아내는 이렇게 말했죠.

"그의 가슴은 그의 긴 팔처럼 넓었습니다."

진심으로 사람을 사랑하는 마음이 링컨을 최고의 연설가로 만든 것입니다.

유명한 오페라 가수였던 슈만하잉크는 자신의 성공 비결에 대해 이렇게 말했습니다.

"제 성공의 비밀은 청중에 대한 절대적인 헌신입니다. 그들은 모두 저의 친구이고, 저는 그들 앞에 서는 순간 유대감을 느낍니다."

이것이 그가 세계적으로 성공을 거둔 비밀입니다. 우리도 이런 마음을 기르도록 노력합시다.

청중을 깨어 있게 만들어라

- '열정'이 가장 중요합니다. 진심이 담긴 연설은 기술적인 단점을 덮고 청중의 마음을 움직입니다.
- 청중을 깨어 있게 하는 것은 연설자의 몫입니다.
- 진심을 담은 행동이 진짜 감정을 만듭니다. 자신감 있는 태도와 자연스러운 제스처는 의식적인 노력에서 시작됩니다.
- '크고 또렷하게' 말하세요. 목소리 크기, 높낮이, 속도에 변화를 주어 청중을 집중시켜야 합니다.

| 실전 팁 |

1. '열정'이 느껴지는 주제를 고르세요. 여러분의 가슴을 뛰게 하는 주제를 선택하고, 그 감정을 연설에 그대로 담아내세요.

2. '청중의 태도'를 거울 삼으세요. 청중이 지루해한다면 여러분의 열정이 부족한 것은 아닌지 돌아보세요.

3. 연설 직전 '체력'을 관리하세요. 충분한 휴식을 취하고, 찬물 샤워나 가벼운 운동으로 몸에 활력을 불어넣으세요.

4. '모호한 표현'을 버리세요. "아마도", "제 생각에는" 같은 말을 줄이고, 명확하고 힘 있는 문장을 사용하세요.

5. '진실하게 행동'하세요. 발표 시작 전 심호흡을 하고 당당하게 서서, 청중을 바라보며 말하는 연습을 꾸준히 하세요.

성공적인 연설의 필수 요소

끈기의 필요성

이번 장은 여섯 번째 강의 시간입니다. 제 경험에 비춰 보면 이 글을 읽고 있는 분들 중에서도 6주라는 짧은 시간 동안 다른 사람들 앞에서 말해야 하는 공포를 극복하고 자신감을 얻지 못했다는 사실에 실망하는 분들이 있을 겁니다. 안타까운 일입니다. 그래서 우리에게는 끈기가 필요합니다.

외국어를 배우든, 악기 연주나 미술을 배우든, 대중 연설을 배우든, 우리가 새로운 것을 배울 때 실력은 꾸준히 발전하거나 일정하게 나아지는 것이 아닙니다. 어느 순간 갑자기 향상되죠. 그러고 나서는 그 정체기에 계속 머물거나 오히려 실력이 퇴보해서 전보다 더 나빠질 수도 있습니다.

심리학자들은 이 정체기를 '학습 곡선의 고원(高原)'이라고 부릅니다. 안타깝게도 이 정체기는 때로 몇 주씩 이어지기도 합니다. 이때 나약한 사람들은 절망해서 포기하지만, 끈기 있는 사람은 어느 날 갑자기 엄청나게 발전한 자신의 모습을 발견하게 됩니다. 어느 순간 요령을 깨닫고 대중 연설에서의 자연스러움, 힘, 자신감을 얻게 된 그들은 마치 비행기처럼 고원 위를 훌쩍 날아오르게 됩니다.

저 역시 사람들 앞에 설 때면 항상 두려움을 겪었습니다. 처음 몇 분 동안 느끼는 불안감과 일종의 충격 같은 거죠.

영국의 정치인 존 브라이트, 윌리엄 글래드스턴, 윌리엄 윌버포스를 비롯한 수많은 유명 연설가들도 평생 그 감정을 느꼈습니다. 수없이 많은 무대에 섰던 위대한 음악가들도 마찬가지였습니다.

피아니스트 파데레프스키는 피아노 앞에 앉기 직전 불안에 떨었고, 오페라 가수 노르디카는 심장이 경주하듯 뛰는 것을 느꼈다고 합니다. 하지만 이들의 공포는 8월의 햇살 아래 안개가 사라지듯 금세 사라졌습니다.

끝까지 포기하지 않는다면 그들의 경험은 여러분의 것이 될 겁니다. 처음 느꼈던 두려움을 제외한 모든 것을 없앨 수 있습니다. 몇 마디만 하고 나면 스스로를 통제할 수 있게 되고, 연설을 즐길 수 있을 것입니다.

끊임없는 도전

법학 공부에 대한 열정으로 가득했던 한 젊은이가 링컨에게 조언을 구하는 편지를 보냈습니다. 링컨은 다음과 같이 답했죠.

"법률가가 되고 싶다는 결심이 확고하다면 이미 절반 이상은 이룬 걸세. 항상 성공하겠다는 결심은 다른 무엇보다 중요하다는 사실을 명심하게나."

이것은 링컨 자신이 경험했기에 잘 알고 있는 사실이었습니다. 그가 받은 정규 교육은 평생을 통틀어 1년도 채 되지 않았죠. 하지만 그는 집에서 80km 이내에 있는 모든 책을 빌려 읽었습니다. 그의 오두막에는 밤새도록 불이 꺼지지 않았고, 그는 그 불빛 아래서 책을 읽었습니다. 링컨은 늘 통나무 사이에 책을 끼워 두었고, 아침이 오면 나뭇잎 더미에서 일어나 눈을 비비고 다시 책에 열중했습니다.

그는 연설을 듣기 위해 약 30마일(약 48km)이나 되는 거리를 걸어서 찾아 다녔습니다. 그리고 집으로 돌아오는 길에는 들판이든 숲이든, 동네 가게에 모인 사람들 앞에서든 열심히 연설 연습을 했죠. 또한 그는 문학 모임과 토론 모임에도 참여해, 이 수업을 든고 있는 여러분들만큼이나 열심히 연습에 몰두했습니다. 그토록 끊임없는 노력과 훈련을 거친 끝에, 링컨은 뛰어난 연설가인 더글러스 상원의원과도 당당히 토론을 벌일 수 있게 되었습니다.

백악관 대통령 집무실에는 에이브러햄 링컨의 멋진 초상화가 걸려 있습니다. 시어도어 루스벨트는 이렇게 말했죠.

"무엇인가를 결정해야 할 때, 또는 복잡하고 어려운 문제, 서로 다른 권리나 이해관계가 충돌하는 일이 있을 때 저는 링컨의 초상화를 바라보며 만약 그가 제 자리에 있었다면 어떻게 했을지 생각해 봅니다. 이상하게 들릴 수 있지만, 솔직히 그렇게 하면 문제를 해결하는 것이 쉬워집니다."

루스벨트의 방법을 사용해 보는 건 어떨까요? 만약 여러분이 낙담하고 연설가가 되기 위한 배움을 포기하고 싶다는 생각이 든다면, 지갑에서 링컨이 그려진 지폐를 꺼내 그라면 이런 상황에서 어떻게 했을지 질문해 보세요.

여러분은 링컨이 어떻게 했을지 알고 있습니다. 상원의원 선거에서 스티븐 A. 더글러스에게 패배한 뒤 링컨은 지지자들에게 이렇게 말했습니다.

"한 번 졌다고 포기하지 말고, 백 번을 져도 포기하지 말라."

노력은 절대 배신하지 않습니다

제가 여러분에게 1주일 동안 매일 아침 식탁에서 이 책을 꺼내 하버드 대학교 윌리엄 제임스 교수가 한 말을 외우게 할 수 있다면 얼마나 좋을까요?

"어떤 공부를 하든 그 결과에 대해 걱정하지 않아도 된다. 만약 그가 매 순간을 성실하게 공부하며 바쁘게 보낸다면 최종 결과로부터 자유로울 수 있다. 어느 맑은 아침에 일어나 보면 그는 자신이 무엇을 연구했든 동료보다 훨씬 뛰어난 실력을 갖춘 사람이 되어 있음을 발견할 것이다."

노력은 절대 배신하지 않습니다. 꾸준히 성실하게 노력하면 언젠가 여러분도 모르는 사이에 엄청난 성장을 이루게 될 것입니다.

유명한 윌리엄 제임스 교수의 말을 빌려, 저는 이렇게 말씀드리고 싶습니다. 만약 여러분이 이 교육 과정을 열정적이고 성실하게 그리고 현명하게 따른다면, 어느 화창한 아침에 일어나 분명 학교 발표나 동아리 모임에서 유능한 연설가가 된 자신을 발견하게 될 것입니다.

이 말이 터무니없게 들릴 수도 있겠지만, 이것은 하나의 법칙처럼 사실입니다. 물론, 아무것도 가진 것 없는 사람이 하루아침에 대니얼 웹스터처럼 될 수는 없죠. 하지만 평범한 수준에서 보면

10대를 위한 데일 카네기 성공대화론

이 말은 정확합니다.

뉴저지 주지사였던 스톡스는 트렌턴에서 열린 대중 연설 강의 수료 파티에 참석했습니다. 그는 그날 학생들이 한 연설이 워싱턴의 상원이나 하원에서 들었던 연설만큼이나 훌륭하다고 말했습니다.

놀랍게도 그 자리에서 연설했던 사람들은 몇 달 전만 해도 사람들 앞에 서면 혀가 굳어 한마디도 하지 못했던 평범한 비즈니스맨들이었습니다. 그들은 고대 로마의 뛰어난 웅변가 키케로처럼 특별한 사람이 아니었죠. 단지 뉴저지에 사는 평범한 사람들이었습니다. 그저 노력했을 뿐이었습니다. 그리고 그들은 어느 날 아침, 눈을 떠 보니 지역에서 무척 뛰어난 연설가가 되어 있었습니다.

윌리엄 제임스 교수는 이렇게 말했습니다.

"어떤 문제에서든지 당신을 구하는 것은 열정이다. 당신이 어떤 결과를 충분히 원하기만 한다면 그것을 얻을 수 있다. 부자가 되길 바라면 부자가 될 수 있고, 학식 있는 사람이 되길 바라면 학식 있는 사람이 될 수 있으며, 선한 사람이 되길 원하면 선한 사람이 될 수 있다. 그렇게 되기 위해 당신은 그 일만을 진심으로 원해야 하고, 그 일과 양립할 수 없는 일을 동시에 바라면 안 된다."

제임스 교수는 진실성을 가지고 이렇게 덧붙였을 것입니다.

"만약 당신이 자신감 있는 연설가가 되고 싶다면 그렇게 될 수

107

있다. 단지 진심으로 그렇게 되길 원하기만 한다면 말이다.”

나는 말 그대로 수천 명의 사람이 대중 앞에서 연설할 수 있는 자신감과 능력을 갖기 위해 노력하는 모습을 지켜보았습니다. 이들 중에서 특별한 재능을 가진 사람은 소수에 불과했습니다. 대부분은 어디에서나 볼 수 있는 평범한 사람들이었죠. 하지만 그들에게는 끈기가 있었습니다. 똑똑한 사람들은 쉽게 낙담하거나 돈 버는 일에만 지나치게 몰두해 큰 성과를 내지 못했습니다. 그러나 끈기와 목적의식을 지닌 평범한 사람들은 마침내 큰 성공을 이뤄냈습니다. 이것은 인간적이고 자연스러운 일입니다.

성공할 것이라 굳게 믿자

몇 년 전 여름, 저는 오스트리아 알프스 산맥의 ‘와일더 카이저’라는 봉우리에 오른 적이 있습니다. 여행 가이드북에는 길이 험해서 반드시 가이드와 함께 가야 한다고 적혀 있었죠. 하지만 제 친구와 저는 가이드 없이 등반하는 아마추어 등산객이었습니다.

또 다른 친구가 “너희가 과연 그 산을 오를 수 있겠느냐?”고 물었습니다. 우리는 “물론이지!”라고 대답했죠. 이유를 묻는 친구에게 저는 이렇게 답했습니다.

“가이드 없이도 등반에 성공한 사람들이 이미 있으니 이건 상식적으로 가능한 일이라고 생각하네. 게다가 나는 실패를 예상하며 일을 시작하는 어리석은 행동은 하지 않거든.”

등산가로서의 저는 서투른 초보자에 불과했지만, 대중 연설 훈련을 받든 에베레스트 등반에 도전하든 이것은 모든 일을 하는 데 필요한 마음가짐입니다.

이 교육 과정에서 성공할 것이라고 생각하세요. 완벽하게 자신을 통제하며 청중 앞에서 연설하는 모습을 상상해 보세요. 어려운 일이 아닙니다. 여러분이 반드시 성공할 것이라고 믿으세요. 강하게 믿으면 성공하기 위해 반드시 해야 할 일을 하게 됩니다. 대중 연설 훈련을 통해 대부분의 사람이 얻는 가장 가치 있는 것은 바로 자신감을 얻고, 성공할 수 있다는 믿음을 키우는 것입니다. 어떤 일을 하든, 성공하기 위해 이것보다 더 중요한 것이 있을까요?

승리에 대한 의지

작가 엘버트 허바드의 현명한 조언을 여러분께 들려드릴게요. 이 안에 담긴 지혜를 실천한다면 더 행복하고 풍요로운 삶을 살게 될 것입니다.

“집에서 나설 때 턱은 아래로 당기고 고개를 드세요. 햇살 아래서 숨을 최대한 깊이 들이마시고요. 미소를 지으며 친구를 만나고, 진심을 담아 악수를 나누세요. 오해받을까 두려워 하거나 적을 걱정하며 시간을 낭비하지 마세요.

무엇을 하고 싶은지 마음속에 정확하게 새기세요. 그러면 방향을 잃지 않고 곧장 목표를 향해 갈 수 있습니다. 위대하고 훌륭한 일을 하겠다는 꿈을 품으세요. 날이 갈수록 산호가 조류에서 영양분을 얻듯, 자신도 모르는 사이에 꿈을 이루는 데 필요한 기회를 잡고 있는 자신을 보게 될 겁니다.

여러분이 되고 싶은 유능하고 성실한 사람의 모습을 마음속으로 그려 보세요. 그러면 그 생각이 매 순간 여러분을 그런 사람으로 변화시킬 것입니다. 모든 것은 생각으로 결정됩니다. 올바른 정신 자세, 즉 용기, 솔직함, 쾌활함을 가지세요. 바르게 생각하는 것은 곧 무엇인가를 창조하는 것입니다. 모든 것은 욕망에서 태어나고, 모든 진실한 기도는 응답을 받습니다.

우리는 우리의 마음에 따라 변합니다. 그러니 턱을 당기고 고개를 드세요. 인간은 고치 안에 들어 있는, 준비 단계에 있는 신이니까요."

나폴레옹, 웰링턴, 리, 그랜트, 포슈와 같은 위대한 군 지휘관들은 승리에 대한 의지와 확신이 무엇보다 중요하다는 사실을 알고 있었습니다.

마셜 포슈 장군은 이렇게 말합니다.

"전쟁에서 패배한 9만 명의 병사가 승리한 9만 명의 병사보다 먼저 후퇴하는 이유는, 그들은 싸우기 전에 이미 승리를 믿지 않았고 그로 인해 의기소침해졌기 때문입니다."

다시 말해, 후퇴한 9만 명의 병사들은 육체적으로 진 것이 아니라 정신적으로 졌기 때문에 용기와 자신감을 잃어버렸다는 거죠. 그런 군대에 희망이 없는 것처럼, 그런 사람에게도 희망은 없습니다.

미 해군의 유명한 군목이었던 프래지어 목사는 해군 군목이 되려는 사람들을 면접할 때 성공의 필수 요건으로 네 가지 'G'를 꼽았습니다.

"은총(Grace), 진취성(Gumption), 기개(Grit), 용기(Guts)."

이것들은 또한 대중 연설에서 성공하기 위한 필수 조건이기도 합니다. 이 네 가지를 여러분의 좌우명으로 삼으세요.

성공적인 연설의 필수 요소

- 끈기 있게 도전하세요. 새로운 것을 배울 때는 '학습 곡선의 고원' 이라는 정체기가 반드시 찾아옵니다. 포기하지 않고 꾸준히 노력하면 어느 순간 실력이 급성장하는 경험을 하게 됩니다.

- 성공할 수 있다는 확신을 가지세요. 위대한 리더들은 '승리에 대한 의지'가 가장 중요하다고 믿었습니다. 여러분의 믿음이 행동을 만들고, 행동이 성공을 만듭니다.

- 열정적으로 노력하세요. 링컨처럼 정규 교육을 받지 않았어도 끊임없는 노력과 끈기만 있다면 위대한 연설가가 될 수 있습니다.

- '긍정적인 마음가짐'이 중요합니다. 유능하고 성공한 자신의 모습을 상상하고, 용기, 솔직함, 쾌활함을 가지세요.

| 실전 팁 |

1. 포기하지 마세요. 지금 실력이 늘지 않는 것 같아도 좌절하지 마세요. 모든 성장은 계단식으로 이루어집니다.

2. 성공하는 자신의 모습을 시각화하세요. 발표에 성공한 자신의 모습을 구체적으로 상상해 보세요. 강한 믿음은 여러분을 성공으로 이끌 것입니다.

3. 4G를 기억하세요. '은총(Grace)', '진취성(Gumption)', '기개(Grit)', '용기(Guts)'를 여러분의 좌우명으로 삼고, 모든 일에 적용해 보세요.

좋은 연설의
비법

'무엇을 말하느냐' 만큼이나 '어떻게 말하느냐'가 중요하다

저는 런던에서 로스 스미스와 키스 스미스 형제를 만났습니다. 이 형제는 런던에서 오스트레일리아까지 비행하는 데 세계 최초로 성공했습니다. 덕분에 오스트레일리아 정부로부터 5만 달러의 상금과 영국 왕실의 기사 작위까지 받았습니다.

이들은 여행에서 찍은 사진과 함께 자신들의 이야기를 대중에게 들려줘야 했는데, 제가 그들의 연설을 돕게 되었습니다. 형제는 넉 달 동안 매일 두 번씩 런던의 필하모닉 홀에서 연설을 연습했죠. 두 사람은 동일한 경험을 했고, 세계의 절반을 함께 비행했습니다. 심지어 연설에 사용하는 단어까지 거의 비슷했는데도, 왠지 모르게 둘의 연설은 달라 보였습니다.

연설에는 단어보다 중요한 무엇인가가 있습니다. 그것은 바로 연설을 할 때 느껴지는 '연설의 맛'입니다. 이것을 한마디로 요약하면, '무엇을 말하는지가 아니라, 어떻게 말하느냐가 중요하다'는 것입니다.

예전에 저는 한 음악회에서, 악보를 보며 파데레프스키의 쇼팽 연주를 감상하던 한 여성 옆에 앉은 적이 있습니다. 그녀는 도저히 이해할 수 없다는 표정이었죠. 파데레프스키의 손가락은 자신이 이전에 연주했을 때 눌렀던 것과 정확히 같은 건반들을 누르고 있었거든요. 같은 곡이었는데도 그녀의 연주는 평범했던 반면, 파데레프스키의 연주는 관객을 전율시킬 만큼 아름다웠습니다.

보통 사람과 천재의 차이는 연주하는 멜로디 자체가 아니라, 연주하는 방식, 예술적인 기교, 연주에 불어넣는 인간적인 매력에 있습니다.

러시아의 위대한 화가 브륨로프가 학생의 그림을 조금 고쳐 주었을 때, 학생은 "아주 작은 부분만 손보셨는데 어떻게 이렇게 다른 그림이 될 수 있죠?"라고 놀라며 물었습니다. 그러자 브륨로프는 이렇게 답했죠.

"예술은 그 작은 부분에서부터 시작한다네."

영국 의회에는 "모든 것은 무엇을 말하느냐가 아니라 누가 말하느냐에 달려 있다."라는 오래된 격언이 있습니다. 이 말은 로마

10대를 위한 데일 카네기 성공대화론

시대부터 전해져 내려오는 지혜입니다.

학생들이 참가하는 연설 대회를 보면 좋은 주제를 가진 학생이 늘 우승하는 것은 아닙니다. 오히려 자신이 말하려는 내용을 가장 훌륭하게 전달하는 학생이 우승하는 경우가 많죠. 몰리 경은 장난스럽게 이렇게 말했습니다.

"연설에는 세 가지 요소가 있다. 누가 말하고, 어떻게 말하고, 무엇을 말하느냐가 그것이다. 그중에서 가장 중요하지 않은 것은 마지막 요소다."

과장된 것 같다고요? 그럴 수도 있습니다. 하지만 그만큼 이야기를 전하는 '방식'에 신경을 써야 한다는 말입니다.

말을 제대로 전달하려면

쇼핑몰에서 여러분이 산 물건을 '전달'해 준다고 할 때, 그것은 무엇을 의미할까요? 그냥 운전사가 집 앞에 물건을 던져 놓고 가는 것을 뜻할까요? 아니면 다른 사람의 손을 거쳐 물건을 받았다는 말만으로 '전달'이 완료된 걸까요?

택배 기사님은 여러분에게 물건을 직접 건네주죠. 확실히 하기 위해 인증샷까지 남깁니다. 하지만 대부분의 연설가들은 과연 그럴까요?

많은 사람이 연설할 때 저지르는 전형적인 실수를 예를 하나 들어 볼게요.

제가 스위스 알프스 산의 한 리조트에 머물렀을 때였습니다. 제가 묵던 호텔에서는 매주 영국에서 온 연설자 두 명이 손님들에게 강연을 했죠. 그중에는 유명한 여성 소설가도 있었는데, 그녀의 연설 주제는 '소설의 미래'였습니다.

하지만 그녀 스스로도 인정했듯이, 그 주제는 그녀가 직접 고른 것이 아니었습니다. 그래서인지 그녀는 주제에 대해 깊은 관심이 없었고, 연설에 필요한 열정도 부족했죠. 정리되지 않은 메모를 들고 청중 앞에 선 그녀는, 청중과 눈을 맞추지 않았습니다. 때로는 그들의 머리 너머를, 때로는 바닥만 바라보았죠. 그녀의 말 한마디 한마디는 그녀의 눈빛처럼 허공으로 흩어져 버렸습니다.

그것은 연설이라고 할 수 없습니다. 소통의 개념이 없는 그런 말하기는 독백과도 같죠.

소통, 이것이 연설의 첫 번째 필수 요소입니다. 청중은 연설 내용이 연설가의 마음에서 자신의 마음으로 직접 전달되고 있다는 사실을 느껴야 합니다. 솔직히 그 강연은 살아 있는 사람에게 하는 연설이 아니었습니다. 모래 가득한 고비 사막에서 했다고 해도 느낌이 다르지 않았을 겁니다. 공허하게 사라져 버리는 메아리와 다를 바 없었습니다.

전달에 관한 이야기들은 너무 많아서 마치 신비로운 규칙이나 복잡한 법칙이 있는 것처럼 보입니다. 특히, 예전의 딱딱한 '웅변술'은 오늘날에는 전혀 도움이 되지 않죠. 도서관이나 서점에 가면 수많은 연설 관련 책이 있지만, 대부분은 실용성이 떨어집니다. 우리는 아직도 학교에서 옛날 연설가들의 화려한 연설을 외우곤 하는데, 그런 방식은 이미 오늘날의 대화 방식과는 너무 동떨어져 있습니다. 마치 오래전에 유행했던 모자처럼 시대에 뒤떨어진 것이죠.

연설의 진정한 비결은 복잡한 웅변 기술이 아니라, 여러분의 진심을 어떻게 효과적으로 전달하느냐에 있습니다.

열댓 명이 모인 회의실이든, 1,000명이 있는 강당이든, 오늘날의 청중은 연설자가 편하게 이야기를 나누듯이, 마치 자신과 직접 대화하는 것처럼 말해 주기를 원합니다. 물론, 말하는 태도는 친구와 대화하듯이 자연스러워야 하지만, 목소리의 크기는 달라야 합니다. 한 사람에게 말할 때와 똑같은 목소리로 말한다면, 멀리 있는 청중에게는 들리지 않겠죠.

자연스러워 보이기 위해서는 오히려 한 사람에게 말할 때보다 마흔 명에게 말할 때 훨씬 노력해야 합니다. 기억하세요. '자연스러운 목소리 톤'으로, '조금 크게' 말해야 합니다.

앞서 제가 이야기했던 여성 소설가가 연설했던 바로 그 강연장에서, 며칠 뒤 저는 올리버 로지 경의 강연을 들었습니다. 그의 주제는 '원자와 세계'였습니다. 그는 반세기 이상 그 주제에 대해 생각하고 연구하고 실험해 온 사람이었죠. 그의 강연은 단순히 지식을 전달하는 것이 아니라, 그의 가슴과 마음, 인생의 일부를 이야기하는 것이었습니다.

정말 감사하게도, 그는 자신이 연설을 하고 있다는 사실을 잊어버렸고, 저 역시 그를 잊었습니다. 그는 오직 '원자'에 대해 청중에게 정확하고 생생하게 말하기 위해 노력했고, 자신이 보고 느낀 것을 우리도 보고 느낄 수 있도록 진심을 다했습니다.

그 결과는 어땠을까요?

그의 연설은 매력과 힘을 모두 갖추어 매우 깊은 인상을 남겼습니다. 저는 그가 자신을 특별한 연설자라고 생각하지 않을 것이라 확신합니다. 그의 강연을 들은 사람들 중 그를 '대중 연설가'로 기억하는 사람은 거의 없었을 겁니다. 그저 '원자'에 대해 깊은 인상을 받은 사람만 있었을 뿐이죠.

좋은 유리는 그 자체로 사람들의 시선을 끄는 것이 아니라, 그저 빛을 들일 뿐입니다. 좋은 연설자도 마찬가지입니다. 훌륭한 강연자는 아주 자연스럽게 이야기하기 때문에, 청중은 그가 말하는 방식에 대해 신경 쓸 겨를이 없습니다. 사람들은 오직 그가 전달하는 내용에만 주의를 기울이게 되는 것이죠.

자기만의 개성이 중요하다

헨리 포드는 이렇게 말했습니다.

"포드 자동차는 모두 한 치의 오차도 없이 똑같습니다. 그러나 똑같은 사람은 두 명 있을 수 없습니다. 모든 새로운 생명은 태양 아래 새롭습니다. 그와 같은 사람은 전에도 없었고, 앞으로도 없을 것입니다.

젊은이들은 자신을 다른 사람들과 다르게 만드는 '개성의 불꽃'을 찾아내고, 자신의 가치를 높이기 위해 노력해야 합니다. 사회와 학교는 여러분을 다른 사람들과 똑같이 만들려고 합니다. 모든 사람을 획일적인 틀 안에 넣으려고 하죠.

그렇습니다. 여러분은 그 불꽃이 사라지지 않게 해야 합니다. 그것이 바로 당신이 중요한 진정한 이유이기 때문입니다."

대중 연설은 헨리 포드의 말이 두 배쯤 더 잘 들어맞는 분야입니다. 이 세상 누구도 당신과 같을 수는 없습니다. 수백만 명이 두 눈과 한 코, 한 입을 가지고 있지만 당신과 똑같이 생겼거나 같은 성격, 행동 방식, 마음씨를 가진 사람은 한 명도 없습니다. 또한, 당신이 자연스럽게 연설할 때와 같은 방식으로 연설하거나 표현하는 사람도 없죠. 다시 말해, 당신은 당신만의 개성을 가지고 있

> **헨리 포드**(1863~1947). 미국의 기업가이자 포드 자동차 회사의 설립자. 대량 생산 방식인 컨베이어 벨트 시스템을 자동차 생산에 최초로 도입하여 대중화를 이끌었다.

119

습니다.

연설가에게 있어 개성은 가장 중요한 자산입니다. 그것을 소중히 여기고 발전시키세요. 그것은 당신의 연설에 힘과 진실함을 더해 줄 것입니다.

"그것이 바로 당신이 중요하다고 말할 수 있는 이유입니다."

1858년, 일리노이주의 작은 도시에서는 스티븐 A. 더글러스와 에이브러햄 링컨의 유명한 논쟁이 있었습니다. 링컨은 키가 크고 어색한 모습이었고, 더글러스는 키가 작고 위엄 있는 모습이었죠. 그들은 겉모습만큼이나 성격, 생각, 개성, 기질이 달랐습니다.

더글러스는 교양 있고 우아한 몸짓을 지녔지만, 링컨은 양말도 신지 않고 손님을 맞이하는 '시골 나무꾼' 같았죠. 더글러스는 유머가 없었지만, 링컨은 모두가 아는 이야기꾼이었습니다. 더글러스는 도도하고 권위적이었지만, 링컨은 겸손하고 여유가 넘쳤습니다. 더글러스는 폭풍우같이 빠르고 강하게 말하는 스타일이었지만, 링컨은 조용하고 신중했습니다.

이렇게 달랐음에도 두 사람은 자신만의 용기와 개성을 가진 훌륭한 연설가였습니다. 둘 중 어느 한쪽이 다른 한쪽을 따라 하려 했다면 분명 끔찍하게 실패했을 겁니다. 하지만 그들은 자신만의 고유한 재능을 최대한 발휘해 개성 있고 힘 있는 논쟁을 벌였습니다.

여러분도 가장 자연스럽고 진정한 여러분의 모습으로 연설하세요.

자연스럽게 말하기를 하려면

방향을 제시하는 것은 간단합니다. 하지만 그 길을 따라가는 것도 쉬울까요? 절대 그렇지 않습니다.

페르디낭 포슈 장군은 전쟁의 기술에 대해 이렇게 말했습니다.

"개념을 잡는 것은 간단하지만, 불행하게도 그것을 실행에 옮기는 것은 복잡하다."

청중 앞에서 자연스러워지려면 꾸준한 연습과 훈련이 필요합니다.

연설을 가르치고 훈련할 때 가장 중요한 점은, 그 사람의 장애물을 제거해서 마치 반사 작용처럼 자연스럽고 자유롭게 말하게 하는 것입니다.

저는 수백 번이나 사람들의 연설을 중단시키고 "좀 더 자연스럽게 말해 주세요."라고 부탁했습니다. 자연스럽게 말하는 방법을 연습시키느라 완전히 지쳐서 집에 돌아온 적도 많았죠. 그만큼 자연스럽게 말한다는 것은 결코 쉬운 일이 아닙니다. 이런 자연스러움을 얻을 수 있는 유일한 방법은 연습뿐입니다. 연습하다가 자신이 말하는 것이 어색하게 느껴지면 잠시 말을 멈추고 스스로에게 솔직하게 말해 보세요.

"뭐가 문제지? 뭔가 어색해. 다시 정신 차리고 자연스럽게 해 봐야지."

그리고 청중 중 가장 편안해 보이는 사람 한 명을 골라 그 사람에게 말한다고 상상하세요. 다른 사람들은 다 잊어버리고 그 사람과 이야기하는 겁니다. 그 사람이 여러분에게 질문을 던지고, 여러분이 그 질문에 대답한다고 상상해 보세요. 이렇게 하면 연설이 훨씬 자연스럽고 직접적으로 바뀔 겁니다.

실제로 연설 중간에 청중에게 질문하고 답하는 것도 좋은 방법입니다. 예를 들어, 이렇게 말하는 거죠.

"이 주장에 대한 근거를 궁금해 하시는 분이 있을지도 모르겠습니다. 저는 그에 대한 충분한 증거를 가지고 있습니다. 그것은 바로……."

이런 식으로 가상의 질문에 스스로 답을 해 보세요. 이 방식은 굉장히 자연스러워 보이며, 연설의 단조로움을 없애고 듣기 편한 느낌을 줄 것입니다.

솔직함, 열정, 성실함이 여러분을 도와줄 수 있습니다.

진정한 자아는 감정이 움직일 때 비로소 드러납니다. 감정의 뜨거운 기운이 마음의 빗장을 열고 모든 장애물을 사라지게 하죠.

그러면 여러분은 자연스럽게 행동하고, 마음에서 우러나오는 말을 하게 됩니다.

결국 연설을 잘하는 비결은 간단합니다. 여러분의 말에 마음을 담으세요.

자연스러운 연설의 특징

이제 더욱 분명하고 생기 있는 연설을 위한 '자연스러운 연설'의 특징을 살펴볼 시간입니다. 그런데 제가 이 방법을 알려 드리면 여러분이 "아, 알겠다! 이렇게 하면 되겠구나!" 하고 단순히 생각만 할까 봐 조금 걱정되기도 합니다. 여기 나와 있는 것들을 머리로만 생각하며 의식적으로 연습하면 여러분의 몸은 나무나 기계처럼 뻣뻣해질 테니까요.

음식을 소화할 때 의식적인 노력이 필요하지 않듯이, 자연스러운 연설에 필요한 대부분의 원칙들은 여러분이 어제 친구와 이야기할 때 이미 사용했던 것들입니다. 이 원칙들을 무의식적으로 사용할 수 있는 수준에 도달하는 유일한 방법은 바로 반복적인 연습입니다.

구체적인 연습 방법은 다음과 같습니다.

우리는 대화할 때 무의식적으로 단어의 특정 음절에 강세를 줍니다. 문장도 마찬가지입니다. 마치 뉴욕의 울워스 빌딩이 주변 건물들 사이에서 우뚝 솟아 있는 것처럼, 문장에서도 한두 개의 중요한 단어만 강조해서 말해야 합니다. 이것은 이상하거나 특별한 현상이 아닙니다. 여러분도 어제 수백 번, 아니 수천 번쯤 이렇게 말했을 겁니다.

예를 들어, 나폴레옹의 다음 문장에서 밑줄 친 부분을 강하게 읽어 보세요. 어떤 느낌이 드나요?

나는 무슨 일이든 <u>열심히 노력하기 때문에</u> 성공해 왔다. 나는 한 번도 주저하지 않았다. 이것이 나를 다른 사람보다 뛰어나게 만들어 주었다. **_나폴레옹 보나파르트**

이 문장을 반드시 이렇게 읽어야 하는 것은 아닙니다. 상황에 따라 강조하는 단어는 달라질 수 있습니다. 하지만 핵심은 문장에서 가장 중요한 의미를 담고 있는 단어를 찾아 힘을 실어 주는 것입니다.

우리는 대화할 때 목소리가 끊임없이 오르락내리락합니다. 마치 바다의 물결처럼 말이죠. 왜 그럴까요? 아무도 모르고, 아무도 신경 쓰지 않지만, 이것은 듣는 사람에게 기분 좋게 들리게 하는 자연스러운 법칙입니다. 하지만 자리에서 일어나 청중을 바라보면, 목소리가 평평하고 단조롭게 변하기 쉽습니다. 마치 목각 인형처럼 말이죠. 만약 자신이 그렇게 말하고 있다는 것을 느꼈다면 잠시 멈추고 스스로에게 이렇게 말해 보세요.

"내가 목각 인형처럼 말하고 있구나. 사람이 이야기하듯이, 자연스럽게 말해 보자."

스스로에게 이렇게 말하는 것만으로도 어느 정도 효과가 있을 겁니다. 연습을 통해 자신에게 맞는 해결 방법을 찾아야 합니다. 중요한 단어나 문장에 이르러 갑자기 목소리를 낮추거나 높이기만 해도, 그것들을 앞마당의 푸른 나무처럼 돋보이게 만들 수 있습니다.

다음 예문에서 밑줄 친 단어들을 다른 단어보다 훨씬 낮은 목소리로 말해보세요. 어떤 효과가 있는지 느껴보세요.

내게 한 가지 장점이 있다면 절대 포기하지 않는 것입니다. _마셜 포슈

교육의 위대한 목표는 지식이 아니라 행동입니다. _허버트 스펜서

나는 86년을 살아오면서 많은 사람이 성공을 향해 나아가는 것을 보았습니다. 그런데 성공하는 데 필요한 중요한 요소들 가운데서도 가장 중요한 것은 믿음이었습니다. _제임스 기번스

셋째, 말의 속도에 변화를 주세요.

우리가 평소 대화하거나 어린아이들이 이야기할 때, 말의 속도는 계속해서 변합니다. 이렇게 말하는 것이 듣기에도 자연스럽고 좋습니다. 무의식적으로 이루어지는 일이지만, 이렇게 함으로써 여러분의 말에는 강약이 생깁니다. 이것은 여러분의 생각을 돋보이게 하는 아주 좋은 방법 중 하나입니다.

이런 방법은 언제나 청중의 관심을 사로잡습니다. 예를 들어, 저는 대중 강연에서 "용기를 갖지 못한다면 그 누구도 위대한 일을 할 수 없다."라는 기번스 추기경의 말을 자주 인용합니다. 한번은 '용기'라는 단어를 강조하고 싶어, 제가 그 말에 깊이 감동받은 것처럼 밑줄 친 단어를 말할 때 시간을 오래 끌었습니다.

한번 이렇게 해 볼까요?

'1억'이라는 금액을 그다지 큰돈도 아닌 것처럼 아무렇지 않게 빠르게 말해 보세요. 그리고 이번에는 '100만 원'이라는 말을 천

천히 감정을 담아, 마치 엄청나게 많은 돈이라 감동을 받은 것처럼 말해 보세요.

"아무런 노력 없이 얻은 1억보다는 내가 땀 흘려 번 100만 원이 더 소중하게 느껴질 수 있습니다."

어떤가요? 100만 원이 1억 원보다 훨씬 큰 금액처럼 들리지 않나요?

넷째, 중요한 생각의 앞과 뒤에서 잠시 멈추세요.

링컨은 연설을 하다가 중요한 구절에 이르면 종종 말을 멈추곤 했습니다. 그는 몸을 앞으로 숙이고 청중의 눈을 바라보며 아무 말도 하지 않았죠. 이렇게 갑작스러운 침묵은 사람들의 주의를 집중시키는 강력한 효과가 있습니다. 청중은 다음에 무슨 이야기가 나올지 바짝 긴장하게 됩니다.

예를 들어, 더글러스와의 유명한 논쟁이 끝날 무렵, 링컨은 패배의 기운에 낙담해 있었습니다. 그는 결론 부분에 이르렀을 때 갑자기 말을 멈추고 청중을 바라보았죠. 지치고 깊이 패인 눈으로 청중의 얼굴을 한참 동안 응시했습니다. 그리고 특유의 단조로운 목소리로 이렇게 말했습니다.

"여러분, 미국 상원의원으로 더글러스 판사와 저 둘 중 누가 선출된다고 해도 차이는 거의 없을 것입니다. 하지만 제가 여러분에게 제시한 쟁점은 개인적인 이익이나 정치적인 운명을 뛰어넘는 것입니다."

그는 여기서 다시 멈췄습니다. 청중은 그의 말에 완전히 집중했죠.

"더글러스 판사와 저의 초라하고 약하며 더듬거리는 혀가 무덤에 들어가 조용해질 때에도 이 쟁점들은 살아 숨 쉴 것입니다."

링컨의 전기 작가는 "이 단순한 말과 태도는 그곳에 있던 사람들의 마음에 뜨거운 감동을 주었다."라고 기록했습니다. 링컨은 이렇게 침묵을 통해 자신이 한 말의 의미가 사람들의 가슴속에 깊이 새겨지도록 만들었습니다.

소설 정글북의 작가 루디야드 키플링은 "침묵을 통해 말하라."고 말했습니다.

"침묵은 금이다."라는 속담처럼, 연설에서 현명하게 사용하는 침묵보다 더 빛나는 금은 없습니다. 이것은 결코 무시할 수 없을 정도로 중요하고 강력한 무기이지만, 대부분의 초보 연설가들은 이 점을 소홀히 여깁니다.

좋은 연설의 비법

- '어떻게 말하느냐'가 더 중요합니다. 연설의 성공은 내용 자체보다 그것을 전달하는 방식에 달려 있습니다.
- '개성의 불꽃'을 살리세요. 다른 사람을 흉내 내지 말고, 여러분만의 고유한 매력을 연설에 담아내야 합니다.
- 소통은 쌍방향입니다. 연설은 독백이 아니라 청중과 눈을 맞추고, 그들의 마음을 움직이는 소통입니다.
- '자연스러움'은 훈련으로 만들어집니다. 꾸준한 연습을 통해 몸과 마음의 부자연스러움을 없앨 수 있습니다.

| 실전 팁 |

1. '강약중강약'으로 말해 보세요. 중요한 단어는 크게, 중요하지 않은 단어는 작게 말하고, 목소리 높이와 속도를 자유롭게 조절하세요.

2. '침묵'을 활용하세요. 중요한 내용을 말하기 전후에 잠시 멈추면, 청중의 집중력을 높일 수 있습니다

3. '가상의 대화'를 해 보세요. 연설 중간에 "이 부분에 대해 궁금해하실 수도 있을 텐데요……"처럼 질문하고 스스로 답하며 소통하는 느낌을 주세요.

4. '자신만의 개성'을 찾으세요. 링컨과 더글러스처럼 자신만의 강점을 살려 연설하세요. 다른 사람을 흉내 내는 것은 오히려 독이 됩니다.

3부
말하기의 4가지 기술

PUBLIC SPEAKING AND
INFLUENCING MEN IN BUSINESS

연단에 서기 전에 준비해야 할 것들

충분히 휴식을 취하라

카네기 공과대학에서 100명의 유명한 사업가를 대상으로 지능 검사를 한 적이 있습니다. 검사 결과, 사업의 성공은 뛰어난 지능보다 성격에 달려 있다는 것이 증명되었습니다. 이 사실은 사업가뿐만 아니라 교육자, 전문가, 연설가에게도 매우 중요합니다.

작가 엘버트 허바드는 "유창한 연설은 말이 아니라 태도가 결정한다."라고 말했습니다. 더 정확히 말하면, 연설의 성공을 결정하는 것은 태도와 아이디어입니다.

물론 '성격'이라는 것은 그 정체가 모호하고 제비꽃 향기처럼 정의하기 어렵습니다. 성격은 사람의 생김새, 기질, 마음가짐, 활력, 경험, 교육 등 모든 것을 포함하기 때문에 아인슈타인의 상대성 이론만큼이나 복잡합니다.

성격은 대부분 유전으로 결정되지만, 후천적인 노력으로 더 강하고 매력적인 성격으로 만드는 것은 충분히 가능합니다. 비록 완전히 바꿀 수는 없겠지만, 우리는 자연이 준 이 신비로운 것을 최대한 활용하기 위해 노력해야 합니다.

만약 여러분의 개성을 드러내고 싶다면, 충분히 휴식한 뒤에 청중 앞에 서세요. 피곤한 사람은 사람들의 마음을 끌어당기지 못하고, 매력적으로 보이지도 않습니다.

시험이나 발표를 앞두고 벼락치기 공부를 하다가 지쳐서 실수를 하는 경우가 흔합니다. 발표 준비도 마찬가지입니다. 마지막까지 미루다가 서두르면 몸과 마음에 피로가 쌓여 여러분을 지치게 만듭니다.

만약 오후에 중요한 발표가 있다면, 점심 식사 뒤 교실에 앉아 있지 말고, 가능하다면 조용하고 편안한 곳에 가서 낮잠을 자거나 잠시 쉬면서 기분을 전환하세요. 몸과 마음의 휴식은 정말 중요합니다.

다른 연설자보다 주의를 끄는 비결

여러분의 에너지를 약하게 만드는 일은 어떤 것도 하지 마세요.

에너지는 다른 사람들을 끌어당기는 강력한 자석입니다. 활력, 생기, 열정, 이것들은 제가 연설가와 리더를 뽑을 때 가장 먼저 보는 것들이죠. 마치 야생 거위가 밀밭으로 모여들 듯이, 사람들은 에너지가 넘치는 사람에게 모입니다.

저는 이 현상을 런던 하이드파크의 야외 연설장에서 자주 보았습니다. 그곳에서는 수많은 사상가들이 자신의 주장을 펼칩니다. 일요일 오후만 되면 사람들이 모여듭니다. 교황무오설을 설명하는 가톨릭 신자, 마르크스주의를 설파하는 사회주의자, 네 명의 아내를 두는 것이 정당하다고 주장하는 이슬람교도 등 다양한 연설을 들을 수 있습니다.

그런데 어떤 연설자에게는 수백 명의 청중이 따르는 반면, 그 옆의 연설자 앞에는 몇 명밖에 없는 경우가 있습니다. 왜 그럴까요? 연설 주제가 달라서일까요? 아닙니다. 답은 연설자 자체에 있습니다. 연설에 더 깊은 관심을 가진 연설자에게는 청중도 더 큰 관심을 보입니다. 그런 연설자는 더 실감 나고 생동감 있게 말하며, 활력과 생기를 내뿜어 사람들의 시선을 사로잡습니다.

옷차림이 주는 자신감

여러분, 옷차림이 사람에게 얼마나 큰 영향을 주는지 아시나요?

135

어떤 심리학 교수가 사람들에게 설문 조사를 한 결과, 거의 모두가 깔끔하고 흠잡을 데 없는 옷차림이 자신에게 설명하기는 어렵지만 아주 확실한 효과를 준다고 답했습니다. 그런 옷차림은 자신감을 주고, 스스로에 대한 믿음을 높여 준다는 것이죠. 성공한 사람처럼 옷을 입으면 실제로 성공을 꿈꾸고 이루는 것이 더 쉬워진다는 겁니다.

그렇다면 연설가의 옷차림은 청중에게 어떤 영향을 줄까요? 저는 가끔 헐렁한 바지에 낡은 코트를 입고, 윗주머니에는 펜과 연필을 잔뜩 꽂고, 셔츠 깃 사이로 신문이나 담배갑을 삐져나오게 한 연설자를 발견합니다. 그리고 저는 그가 자신의 외모에 자부심을 갖고 있지 않은 만큼, 청중도 그에게 존경심을 갖지 않는다는 사실을 알게 됩니다.

청중이 그의 헝클어진 머리와 구겨진 옷처럼 그의 생각 또한 엉망일 것이라고 여기는 것은 당연하지 않을까요?

남북전쟁 당시, 버지니아의 애퍼매톡스 청사에서 남부군이 항복하던 날의 이야기입니다. 남부군 사령관인 리 장군은 새 군복을 깔끔하게 차려입고 비싼 검을 차고 있었습니다. 반면, 북부군 사령관인 그랜트 장군은 외투나 검도 없이 이등병의 셔츠와 바지만 입고 있었죠.

그랜트 장군은 뒷날 이렇게 말했습니다.

10대를 위한 데일 카네기 성공대화론

"나는 멋지게 차려입은, 키가 6피트(약 183cm)나 되는 그 사람과 비교되었을 것이 뻔하다."

역사적인 순간에 제대로 옷을 차려입지 않았던 것은 그의 인생에서 진정으로 후회스러운 일 중 하나였습니다.

연설 시작 전에도 우리는 비난받거나 칭찬받는다

몇 년 전, 「아메리칸 매거진」에 한 뉴욕 은행가에 대한 글을 쓴 적이 있습니다. 그의 성공 요인을 묻자, 그의 친구는 '미소' 때문이라고 답했죠. 처음엔 과장처럼 들렸지만 저는 진심으로 그것이 정답이라고 믿습니다. 그 은행가보다 더 경험이 많고 재정적으로 뛰어난 사람들도 많았지만, 그에게는 유쾌한 성품이라는 특별한 장점이 있었습니다. 그의 따뜻한 미소는 사람들의 신뢰와 호의를 빠르게 얻었고, 사람들은 그런 그가 성공하길 바랐습니다.

'웃지 않는 사람은 장사를 하면 안 된다.'라는 중국 속담이 있습니다. 계산대 뒤에서 뿐만 아니라 청중 앞에서도 이런 미소는 환영받습니다.

제가 진행한 브루클린 상공회의소 연설 강의에서, 한 학생은 항상 자신이 이 자리에 있어 기쁘고 주어진 일이 즐겁다는 듯이 청중 앞에 섰습니다. 그는 늘 미소를 지었고, 우리를 만나서 기쁜 것처럼 행동했죠. 얼마 지나지 않아 청중은 그에게 따뜻한 마음을 갖게 되었고, 진심으로 그를 환영했습니다.

하지만 유감스럽게도, 어떤 학생들은 마치 하기 싫은 일을 억지로 하는 사람처럼 차갑고 형식적으로 걸어 나왔습니다. 그러자 청중인 우리들도 똑같은 느낌을 받게 되었죠. 이런 태도는 전염성이 있습니다.

저명한 심리학자 해리 A. 오버스트리트 교수가 쓴 『인간 행동에 영향을 미치는 방법』이라는 책에는 다음과 같은 말이 있습니다.

"뿌린 대로 거둔다. 우리가 청중에게 관심을 가지면 그들도 우리에게 같은 관심을 보일 것이고, 우리가 청중을 못마땅하게 생각하면 그들도 우리를 탐탁지 않게 여길 것이다. 만약 우리가 소심하고 어리둥절하다면 그들 역시 우리에 대한 신뢰를 잃을 것이고, 우리가 뻔뻔하고 잘난 척한다면 그들도 자신들의 방어적인 이기주의로 반응할 것이다. 우리는 연설 시작 전에도 비난받거나 칭찬받는다. 그러므로 우리는 청중의 따뜻한 반응을 끌어낼 수 있도록 행동해야 한다."

청중을 가까이 앉게 하자

대중 연설가로서 저는 오후에 몇 사람이 띄엄띄엄 앉아 있는 넓은 강당에서도, 저녁에 사람들로 가득 찬 작은 강당에서도 연설해 본 적이 있습니다. 저녁에 온 청중은 오후의 청중이었다면 그냥 지나쳤을 부분에도 크게 웃어 주고 박수를 보냈죠.

왜 이런 차이가 생길까요?

물론, 오후의 청중이 저녁의 청중보다 반응이 활발하지 않은 것도 이유가 됩니다. 하지만 더 중요한 진짜 이유는 흩어져 있는 청중은 쉽게 감동하지 않기 때문입니다. 사람들 사이에 텅 비어 있는 넓은 공간만큼 연설의 분위기를 가라앉히는 것은 없습니다.

사람들이 한곳에 모여 앉아 주기만 한다면, 12명에게도 1,000명에게 말하듯이 할 수 있습니다. 하지만 1,000명이라도 띄엄띄엄 떨어져 앉아 있다면, 마치 텅 빈 방에서 말하는 것과 같습니다. 청중을 모여 앉게 하십시오. 그러면 여러분은 절반의 노력으로도 그들을 울고 웃게 할 수 있습니다.

사람들은 많은 청중 속에 있을 때 자신의 개성을 잃고 군중의 일부가 되는 경향이 있습니다. 그러면 혼자 있을 때보다 훨씬 쉽게 마음이 움직이죠. 만약 그가 여섯 명의 청중 중 한 명이었다면, 혼자일 때는 아무런 감동도 받지 않았을 이야기에도 웃고 박수 칠 것입니다. 사람들을 군중으로 움직이게 하는 것은 개개인으로 움직이게 하는 것보다 훨씬 쉽습니다.

소수의 사람에게 연설할 때는 작은 방을 선택해야 합니다. 작은 공간에 사람들이 통로까지 가득 차 있는 것이, 넓은 방에 사람들이 띄엄띄엄 앉아 있는 것보다 훨씬 낫습니다.

만약 청중이 흩어져 있으면, 연설을 시작하기 전에 가까이 붙어 앉아 달라고 부탁하세요. 또한 굳이 연단에 설 필요가 없다면, 청중과 가깝게 그리고 같은 높이에 자리하세요. 형식적인 분위기를 없애고, 친구와 대화하듯이 친근하고 자연스럽게 소통하는 겁니다.

실내의 공기와 빛도 중요하다

실내의 공기를 신선하게 환기시키세요. 아무리 훌륭한 연설이나 멋진 공연이라도, 공기가 탁한 방 안에서는 청중을 깨어 있게 할 수 없죠. 그래서 저는 연설할 차례가 되면 창문을 열고, 청중에게 2분 정도 일어나서 쉬게 합니다.

또한 실내를 가능한 한 밝게 하세요. 어두컴컴한 방에서 청중의 열광적인 반응을 이끌어내는 것은 매우 어렵습니다.

유명한 극작가 데이비드 벨라스코는 연극에 대해 이야기하며, 많은 연설가가 적절한 조명의 중요성을 전혀 모른다고 지적했습니다. 조명이 여러분의 얼굴을 비추게 하세요. 사람들은 여러분을 보고 싶어 합니다. 얼굴에 스쳐 지나가는 작은 표정의 변화도 때로는 말보다 더 큰 의미를 전달하니까요. 연설을 시작하기 전에 조명이 여러분을 가장 돋보이게 비추는 곳을 미리 확인하는 것이 좋습니다.

연단을 정리하고 테이블 뒤에 숨지 마세요. 사람들은 강연자의 전신을 보고 싶어 합니다.

목이 마를까 봐 연단에 물병을 가져다 놓는 분들이 있지만, 연단에는 불필요한 물건이 없어야 합니다. 브로드웨이의 자동차 매장이나 파리의 보석 매장들이 깔끔하게 정돈되어 있는 이유가 무엇일까요? 그래야 사람들이 그곳을 더 존중하고 신뢰하기 때문입니다. 연설도 마찬가지입니다.

가장 이상적인 연단은 아무것도 없는 상태입니다. 연설자 뒤나 옆에 청중의 시선을 뺏을 만한 물건은 두지 마세요. 연설자 뒤에 먼지 쌓인 의자들이 쌓여 있으면 그곳의 분위기 또한 정신 사나워 보일 겁니다. 헨리 워드 비처는 "연설에서 가장 중요한 것은 사람이다."라고 말했습니다. 그러니 스위스의 융프라우 봉우리처럼 연설자 자신이 돋보이도록 연단을 깔끔하게 정리하세요.

침착한 모습을 보여 주라

연설자는 쓸 데 없이 옷이나 머리카락을 만지작거리는 행동은 피해야 합니다. 이런 행동은 청중의 집중을 방해할 뿐만 아니라, 연설자가 힘이 없고 자기 통제가 부족하다는 느낌을 줍니다. 가치를 더하지 않는 모든 움직임은 시선을 분산시킵니다. 중립적인 움직임은 없습니다. 그러니 가만히 서서 자신의 움직임을 제어하면, 침착하고 자신감 있는 인상을 줄 수 있습니다.

무엇보다 청중 앞에 섰을 때에는 서두르지 마세요. 서두르는 것은 여러분이 아마추어라는 사실을 증명하는 행동입니다. 깊게 숨을 들이쉬고, 청중을 바라보세요. 만약 강연장이 소란스럽다면 조용해질 때까지 기다리세요.

가슴을 활짝 펴세요. 사람들 앞에 섰을 때 가슴을 펴지 않을 이유가 있을까요? 평소에도 꾸준히 그런 자세를 유지하면, 사람들 앞에서도 자연스럽게 당당한 모습을 보일 수 있답니다.

손은 어떻게 처리하면 좋을까요? 그냥 잊어버리세요. 가장 이상적인 자세는 두 팔을 몸 옆에 자연스럽게 두는 것입니다. 손이 어색하게 느껴질 수도 있겠지만, 여러분의 손에 관심을 기울이는 사람은 아무도 없습니다.

팔은 몸 옆에 편안하게 있을 때 가장 보기 좋습니다. 그러면 시선이 팔에 쏠리지 않고, 비판적인 사람조차 그 자세를 지적할 수 없을 겁니다. 게다가 팔이 자유롭기 때문에 필요할 때 언제든 편하게 움직일 수 있습니다.

머리에 말할 내용이 가득 차 있고 가슴에서는 열정이 부풀어 오른다면, 그 외의 것들은 중요하지 않습니다. 결국 연설에서 가장 중요한 것은 손과 발의 위치가 아니라 심리적인 측면인 것이죠.

'제스처'는 자연스럽게

이제 많은 사람이 궁금해하는 제스처에 대해 이야기해 볼까요.

제가 처음 대중 연설을 배웠을 때, 강의의 대부분은 제스처에 관한 것이었습니다. 하지만 그 강의는 유익하기는커녕 잘못된 생각을 심어 주어 오히려 해로웠습니다. 제가 배운 방법에 따르면, 손바닥은 뒤로 향하게 하고, 팔은 힘을 뺀 채 옆으로 늘어뜨린 다음, 반쯤 주먹을 쥔 채 엄지손가락으로 다리를 만져야 했습니다.

저는 우아한 곡선을 그리며 팔을 올리는 법, 손목을 이용해 손을 흔드는 법, 손가락을 차례대로 펴는 법까지 배웠습니다. 그렇게 우아하게 부자연스러운 동작을 하고 나면, 제 팔은 다시 다리 옆으로 돌아와야 했습니다.

그 모든 행동은 나무처럼 뻣뻣하고 가식적이었으며 진실한 부분은 하나도 없었습니다. 그 동작에 제 개성을 넣으려 하거나, 진심으로 감정을 담아 제스처가 저절로 나오게끔 하려는 노력은 전혀 없었습니다. 저 자신을 깨고 나와 인간처럼 말하고 행동하려는

143

노력 역시 없었죠. 저는 한 수업에서 20명의 학생이 똑같은 단어에 맞춰 정말 똑같은 손짓을 하는 모습을 본 적이 있습니다. 이런 행동은 가식적이고 시간을 낭비하는 일이며, 기계적이고 모욕적이기까지 합니다.

제스처에 관한 책 열 권 중 아홉 권은 엉터리입니다. 심지어 좋은 종이에 인쇄된 쓰레기보다 더 나쁘죠. 책에 나와 있는 제스처는 무엇이든 부자연스럽고 엉성해 보입니다.

진정한 제스처는 여러분 자신, 여러분의 가슴과 머리, 어떤 주제에 대한 여러분의 관심에서 나와야 합니다. 여러분이 본 것을 다른 사람도 보게 하고 싶은 간절한 욕구와 충동에서 자연스럽게 나오죠.

예를 들어, 친구에게 신나는 여행 이야기를 할 때를 떠올려 보세요. 여러분은 의식적으로 손짓을 계산하지 않습니다. "와, 진짜 대박이었어!"라고 말하면서 저절로 두 팔을 벌리게 되죠. 바로 이것이 진정한 제스처입니다. 단 한 번을 하더라도, 가치 있는 제스처는 그 순간의 충동에서 비롯됩니다. 1그램의 자발성이 1톤의 규칙보다 훨씬 낫습니다.

사람의 생김새와 성격이 모두 다르듯이, 자연스러운 제스처도 사람마다 달라야 합니다. 누구도 똑같은 제스처를 하도록 훈련받아서는 안 되죠.

앞 장에서 저는 링컨과 더글러스의 차이에 대해 이야기했습니다. 키가 크고 어색하며 생각도 느린 링컨이 빠르고 세련된 더글러스와 똑같은 제스처를 취한다고 상상해 보세요. 분명히 우스꽝스러울 겁니다.

저는 제스처에 대한 어떤 원칙도 제시할 수 없습니다. 모든 것은 연설자의 기질, 준비 상황, 열정, 성격, 주제, 청중, 상황에 달려 있기 때문입니다.

그래도 부분적으로나마 도움이 될 만한 제안이 몇 가지 있습니다.

똑같은 제스처를 반복하지 마세요. 팔꿈치만 사용하는 짧고 갑작스러운 움직임은 피하고, 어깨부터 움직여 보세요.

제스처를 너무 서둘러 끝내지 마세요. 만약 검지를 사용해 무엇인가를 강조한다면, 그 문장이 끝날 때까지 제스처를 유지하세요. 그렇지 않으면 강조하려는 부분이 제대로 전달되지 않을 수 있습니다.

청중 앞에서 연설할 때는 자연스러운 제스처만 사용하세요. 하지만 함께 배우는 다른 학생들 앞에서 연습할 때는 필요할 때 일부러라도 제스처를 사용해 보세요. 5장에서 말했듯이, 이렇게 직접 해 봐야 나중에는 의식하지 않아도 제스처를 자연스럽게 사용할 수 있게 됩니다.

제스처에 관한 책은 덮으세요. 인쇄된 종이로는 제스처를 배울 수 없습니다. 여러분이 연설할 때 스스로 느끼는 충동이, 어떤 선생님이 가르쳐 주는 것보다 더 믿을 수 있고 값진 것이 됩니다.

설사 제스처와 전달에 대해 제가 말한 모든 것을 잊어버려도 이것만은 꼭 기억하세요.

자신이 해야 할 말에 너무 열중해서, 청중에게 메시지를 전하는 데 몰두한 나머지 자신조차 잊어버리고 말과 행동을 하는 사람이라면 제스처나 전달 방법을 굳이 공부하지 않아도 훌륭한 연설을 할 수 있습니다.

연단에 서기 전에 준비해야 할 것들

- 성공은 지능보다 '성격'에 달려 있습니다. 유창한 말보다 진실한 태도가 중요합니다.
- 외모와 옷차림도 중요한 요소입니다. 깔끔한 옷차림은 자신감을 높이고, 청중에게 신뢰감을 줍니다.
- '활력과 열정'이 사람을 모읍니다. 에너지가 넘치는 연설가는 청중의 관심을 사로잡습니다.
- '자연스러움'은 훈련으로 만들어집니다. 제스처는 의식적으로 배우는 것이 아니라, 몸과 마음에서 자연스럽게 나와야 합니다.

| 실전 팁 |

1. 발표 전 충분히 쉬세요. 벼락치기 대신 충분히 휴식하며 몸과 마음의 에너지를 충전하세요.

2. 'TPO-시간(Time), 장소(Place), 상황(Occasion)'에 맞는 옷차림을 하세요. 발표 장소와 분위기에 맞는 깔끔한 옷차림으로 자신감과 신뢰를 높이세요.

3. '좋은 자세'를 습관화하세요. 링컨처럼 당당하게 가슴을 펴고 서서, 침착하고 자신감 있는 모습을 보여 주세요.

4. '자유로운 제스처'를 연습하세요. 제스처는 외워서 하는 것이 아니라, 여러분의 감정에서 우러나와야 합니다. 억지로 하지 말고, 자연스럽게 팔을 움직이는 연습을 해 보세요.

연설을 훌륭하게
시작하는 방법

시작부터 청중을 사로잡아야 한다

전에 저는 노스웨스턴 대학교 총장이었던 린 해럴드 허프 박사에게 연설가로서의 경험을 통해 가장 중요하게 얻은 것이 무엇인지 물어보았습니다. 그는 잠시 생각하더니 이렇게 답했죠.

"매력적인 시작입니다. 사람들의 관심을 단번에 사로잡아야 하니까요."

그는 연설의 시작과 끝에 할 말을 미리 정확하게 계획해 두곤 했습니다. 존 브라이트, 글래드스턴, 웹스터, 링컨도 마찬가지였습니다. 상식과 경험이 있는 연설가라면 누구나 그렇게 합니다.

하지만 초보자는 보통 이 부분을 무시합니다. 왜냐하면 계획을 세우는 것은 시간, 생각, 노력이 필요한 고통스러운 과정이기 때문이죠.

프랑스의 철학자 파스칼은 "예견하는 것은 지배하는 것이다."라고 말했습니다.

이 말은 연설을 계획할 때 책상에 두고 새겨 볼 만한 가장 훌륭한 좌우명입니다. 정신이 맑을 때, 여러분이 하려는 말을 모두 이해할 수 있을 때, 연설을 어떻게 시작하고 마지막에 어떤 인상을 남길지 미리 예측해 보세요.

시작은 광고 문구처럼 짧고 강렬해야 합니다. 오늘날의 청중은 이렇게 요구합니다.

"하고 싶은 말이 있다고요? 좋아요. 그럼 쓸데없는 말은 빼고 빨리 해 봐요. 요점만 말하고 빨리 끝내세요."

이제는 연설의 시작부터 사람들의 마음을 사로잡아야 하는 시대입니다.

우드로 윌슨 대통령은 잠수함 전투와 같은 중요한 문제에 대해 의회에서 연설할 때, 매우 짧게 핵심을 드러내는 방식으로 청중의 관심을 사로잡았습니다.

"우리나라의 외교 관계에 한 가지 문제가 발생했습니다. 저는 이것을 여러분께 솔직하게 알려 드리는 것이 제 의무라고 생각합니다."

철강왕 찰스 M. 슈워브도 뉴욕의 한 모임에서 두 번째 문장부터 바로 연설의 핵심으로 들어갔습니다.

"현재 미국 국민의 마음속을 차지하고 있는 문제 중 가장 중요한 것은 '지금의 경기 침체가 무엇을 의미하고, 앞으로는 어떻게 될 것인가'입니다. 개인적으로 저는 낙관주의자입니다."

하지만 경험 없는 연설가들이 이런 뛰어난 간결함과 신속함을 보여 줄 수 있을까요? 대개 그렇지 못합니다. 훈련받지 않은 연설가들은 보통 두 가지 좋지 않은 방법 중 하나로 연설을 시작합니다. 이제 그 문제에 대해 이야기해 보겠습니다.

유머로 시작할 때의 주의점

왜 그런지 모르겠지만, 연설을 처음 하는 사람들은 자신이 재미있어야 한다고 생각하는 경우가 많아요. 원래 성격은 진지한데, 발표하는 순간 유명한 코미디언의 혼이 들어왔다고 상상하죠. 그래서 연설 초반에 억지로 웃긴 이야기를 하려 합니다. 그 결과는 어떨까요? 갑자기 이야기꾼으로 변신한 진지한 학생이 들려주는 이야기는 지루해서 아무도 웃지 않습니다.

유머는 타고나는 것이며, 성격과 밀접한 관련이 있습니다. 마치 여러분이 갈색 눈을 가지고 태어났는지 아닌지처럼, 우리가 어떻게 할 수 있는 부분이 거의 없죠.

그렇다고 연설 시작이 무겁고 진지해야만 하는 건 아닙니다.

만약 유머를 사용하고 싶다면, 발표가 열리는 장소나 행사와 관련된 이야기, 또는 다른 사람의 말을 인용하는 방식으로 청중의 유머 감각을 가볍게 건드려 보세요. 뻔한 농담보다는 이런 이야기가 훨씬 성공할 가능성이 높습니다.

가장 쉬운 유머는 자신을 소재로 한 농담입니다. 우스꽝스럽거나 당황스러웠던 자신의 경험을 이야기해 보세요. 이것이 유머의 핵심에 가장 가깝습니다.

거의 누구나 사용할 수 있는 유머의 또 다른 방법은, 서로 어울리지 않는 생각이나 성격을 함께 보여 주는 것입니다. 예를 들어, "저는 공부, 시험, 치킨 무 국물 버리러 가는 것을 싫어합니다. 그래서 그냥 마셔버리죠."와 같이 전혀 상관없는 세 가지를 나열하며 웃음을 유발하는 거죠.

사과로 연설을 시작하지 말자

초보자들이 연설을 시작할 때 저지르는 두 번째 실수는 바로 사과하는 것입니다. 예를 들어, "저는 말을 잘 못합니다.", "준비를 많이 못했는데, 무슨 말을 해야 할지 모르겠네요."라고 말하는 거죠.

절대 이렇게 시작하지 마세요. 작가 키플링의 시처럼 "더 가도 아무 소용이 없다."는 느낌을 줄 겁니다. 연설자가 이런 식으로 시작하면, 청중은 더는 들을 것이 없다고 생각하게 됩니다.

물론, 여러분이 준비가 덜 되었다면 눈치 빠른 사람들은 알아차릴 수도 있습니다. 하지만 그렇지 않은 사람도 분명 있을 겁니다. 그런데 왜 굳이 그들에게 여러분의 준비가 부족했다는 사실을 알려주나요? 그것은 마치 손님에게 먹다 남은 음식을 내어 주는 것처럼 청중을 무시하는 행동입니다. 청중은 그런 사과를 듣고 싶어 하지 않습니다. 그들은 어떤 정보나 재미를 위해 그 자리에 있는 것이죠.

청중 앞에 서는 순간, 여러분은 자연스럽게 그들의 관심을 받게 됩니다. 처음 5초 동안은 그들의 관심을 끌기 쉽지만, 그다음 5분 동안 그 관심을 유지하기란 어렵습니다. 한번 청중의 관심을 잃으면 다시 되찾는 것은 두 배로 힘듭니다. 그러니 첫 문장은 뭔가 흥미로운 내용으로 시작해야 합니다. 두 번째 문장도, 세 번째 문장도 아닙니다. 바로 첫 문장입니다!

그럼 어떻게 해야 하냐고요? 이 질문에 답하기는 쉽지 않습니다. 왜냐하면 그 답을 찾기 위해 여러분 자신, 청중, 주제, 자료, 시기 등 고려해야 할 요소가 너무나 많기 때문입니다. 하지만 이 장 뒤에 나오는 제안들이 여러분에게 유용하고 가치 있는 것이 되길 바랍니다.

152

호기심을 유발하자

다음은 저의 초창기 수강생인 호웰 힐리가 필라델피아에서 연설을 시작하기 전에 들려준 이야기의 일부입니다.

"82년 전 이맘때쯤, 런던에서 작은 책 한 권이 출간되었습니다. 사람들은 그 책을 '세상에서 가장 위대한 작은 책'이라고 불렀죠. 책이 출간되자마자 사람들은 서로에게 그 책을 읽었는지 물었고, 대답은 언제나 '당연하지!'였습니다. 이 책은 출간 첫날 1,000부가 팔렸고, 2주 만에 15,000부가 판매되었습니다. 그 뒤 모든 언어로 번역되었죠. 몇 년 전 J. P. 모건은 엄청난 돈을 주고 그 원고를 구매해 지금 뉴욕의 도서관에 보관하고 있습니다. 그 유명한 책은 과연 무엇일까요? 바로 찰스 디킨스의 『크리스마스 캐럴』입니다."

어떤가요? 여러분의 흥미를 끌어당기나요? 성공적인 시작이라고 할 수 있을까요? 네, 그렇습니다. 이 이야기는 여러분의 호기심을 자극하고 긴장감을 주었기 때문입니다.

호기심! 모든 사람은 호기심에 민감합니다. 저는 숲속에서 새들이 호기심 때문에 저를 바라보며 한 시간 정도 날아다니는 모습을 보았습니다. 알프스 고원 지대의 한 사냥꾼은 몸에 침대 시트를 걸치고 기어 다니며 영양의 호기심을 자극해 유인하기도 합니다. 개나 고양이는 물론, 인간을 포함한 모든 동물에게는 호기

153

심이 있죠.

그러니 첫 문장으로 청중의 호기심을 자극해 보세요. 그러면 그들의 관심을 쉽게 끌 수 있습니다.

어떤 학생은 다음과 같은 질문으로 연설을 시작해 청중에게 호기심과 동시에 충격을 주었습니다.

"여러분, 혹시 오늘날에도 17개 국가에 노예 제도가 있다는 사실을 알고 계십니까?"

이 말을 들은 청중은 궁금해하면서도 충격에 빠집니다. '노예 제도가 지금도 있다고? 어디에? 어떤 나라에?'라는 질문들이 머릿속에 떠오르겠죠. 또 다른 방법은 놀라운 결과부터 먼저 던져서 그 원인을 궁금하게 만드는 것입니다. 예를 들어, 한 학생은 다음과 같은 문장으로 연설을 시작했습니다.

"최근 우리 시의회 의원 한 분이 모든 학교 반경 2km 내에서 '올챙이가 개구리로 자라는 것'을 금지하는 법을 통과시키자고 제안했습니다."

여러분은 이 말을 듣고 웃을지도 모릅니다. '이게 농담이야? 정말 그런 일이 있었다고?'라고 생각하면서 말이죠. 그런데 실제로 있었던 일입니다. 연설가는 이어서 그 이유를 설명하는 것입니다. 이처럼 예상하지 못한 이야기로 시작하면 청중의 관심은 순식간에 집중될 수 있습니다.

「새터데이 이브닝 포스트」에 실린 '조폭과 함께'라는 제목의 기사는 다음과 같은 문장으로 시작됩니다.

"조폭들은 정말 조직을 만들까? 그렇다면 과연 어떻게?"

이 몇 마디 문장을 통해 기자는 자신의 주제를 명확히 밝혔고, '조폭들이 어떻게 조직을 이루는지'에 대한 독자의 호기심을 자극했습니다. 정말 훌륭한 시작이죠.

대중 연설을 하려는 사람이라면 누구나 잡지 기자들이 독자의 흥미를 끌기 위해 사용하는 기법을 연구해야 합니다. 수십 개의 연설문을 읽는 것보다, 기사 하나를 분석하는 것이 연설을 시작하는 방법에 대해 더 많은 것을 알려 줍니다.

이야기의 힘을 활용하자

사람들은 이야기를 좋아합니다. 소설이나 영화, 드라마를 좋아하는 것을 보면 잘 알 수 있죠. 특히 다른 사람의 경험이 담긴 이야기에 귀 기울이는 것을 즐깁니다.

작가 러셀 H. 콘웰은 '다이아몬드의 땅'이라는 강연을 6,000번 넘게 했고, 수백만 달러를 벌었습니다. 이렇게 엄청난 인기를 얻었던 그의 강연은 어떻게 시작했을까요?

"1870년에 우리는 티그리스강으로 갔습니다. 우리는 바그다드에서 안내원을 고용했는데, 그는 우리를 페르세폴리스, 니네베, 바빌론으로 안내했습니다."

이것이 바로 청중의 관심을 사로잡는 그만의 방법이었습니다. 이야기는 계속 움직이고 나아가는 법이라, 청중은 자연스럽게 그 이야기에 빠져듭니다. '다음에는 무슨 일이 일어날까?' 궁금해하며 귀 기울이게 되죠. 이 책의 3장에서도 이야기로 시작하는 방법이 효과적으로 사용되었습니다.

다음은 잡지 「새터데이 이브닝 포스트」에 실린 두 이야기의 도입부입니다.

"권총이 날카로운 소리를 내고 불을 뿜으며 정적을 깼다."

"7월 첫 주, 그 자체로는 사소하지만 그것이 끼치는 결과는 엄청난 사건이 덴버에 있는 몬트뷰 호텔에서 일어났다. 거주 지배인인 괴벨은 그 사건에 호기심을 느꼈고, 며칠 뒤 몬트뷰를 비롯한 여섯 개 패러데이 호텔의 소유주인 스티브 패러데이가 호텔에 정기 방문을 했을 때 그 사건을 보고했다."

이 두 도입부는 모두 행위를 표현하고 있습니다. 무엇인가 시작되었음을 알리며 여러분의 호기심을 자극하죠. 여러분은 계속 읽으면서 '무슨 일이 일어난 걸까?' 하고 궁금해하게 됩니다.

경험이 적은 초보자도 이처럼 이야기로 청중의 호기심을 자극하면, 이미 성공적인 시작을 한 것이나 다름없습니다.

구체적인 예를 들자

일반적인 청중이 추상적인 내용을 오래도록 따라가기란 어렵고 힘든 일입니다. 이럴 때 구체적인 예시를 들면 훨씬 이해하기 쉬워집니다. 그렇다면 뭐가 문제일까요? 왜 연설가들은 이 방법을 사용하지 않는 걸까요?

사실, 이 방법은 생각보다 쉽지 않습니다. 많은 연설가는 일반적인 설명을 먼저 해야 한다고 착각합니다. 하지만 실제로는 구체적인 예시를 먼저 들어 청중의 관심을 유발한 뒤, 일반적인 내용을 설명하는 것이 훨씬 좋습니다. 이 기술의 예시를 원한다면 이 책의 5장이나 7장의 서두를 다시 읽어 보세요.

지금 여러분이 읽고 있는 이 9장은 어떤 방법으로 시작했을까요?

시각 자료를 활용하자

사람들의 관심을 가장 쉽게 사로잡는 방법은 아마도 그들이 볼 수 있게 무엇인가를 들어 올리는 것입니다. 야만인, 멍청한 사람, 아기, 심지어 길거리의 동물들도 이런 자극에는 관심을 가지죠. 이 방법은 세련된 청중에게도 효과적입니다.

필라델피아의 S. S. 엘리스는 엄지와 검지 사이에 동전을 쥐고 어깨 위로 높이 올리면서 강연을 시작했습니다. 그러고는 사람들에게 물었죠.

"여기 계신 분들 중에 혹시 길에서 이런 동전을 주운 분이 계십니까? 그분에게는 어느 부동산 개발회사에서 땅 1평을 공짜로 준답니다. 그냥 찾아가셔서 동전만 보여 주시면 됩니다."

사람들의 관심을 끈 뒤 그는 예민하고 민감한 문제에 대해 이야기했고, 이와 관련된 비윤리적인 관행들을 비판했습니다. 아주 성공적으로 연설한 것입니다.

청중에게 질문을 던지자

엘리스의 연설 시작에는 또 다른 뛰어난 특징이 있습니다. 바로 질문으로 시작함으로써 청중이 연설가와 함께 생각하고 호응하게 만들었다는 점입니다. 「새터데이 이브닝 포스트」 기사도 첫 세 문장 중 두 문장을 질문으로 시작했죠.

"조폭들은 조직을 만들까? 어떻게 만들까?"

이처럼 질문을 던진 뒤 해답을 보여 주는 행위는 청중의 마음을 열고 연설에 집중하게 만드는 가장 간단하고 확실한 방법입니다. 다른 방법이 효과가 없다면, 항상 이 방법을 사용해 보세요.

유명한 사람의 말을 인용하자

유명한 사람의 말은 언제나 사람들의 주목을 받습니다. 따라서 연설 시작에 인용구를 적절하게 활용하면 좋습니다. 기업의 성공에 대한 발표라면 다음과 같이 시작해 보세요.

"'세상은 오직 한 가지에게만 돈과 명예라는 큰 상을 줍니다.' 이것은 엘버트 허바드가 한 말입니다. 그 한 가지는 바로 솔선수범하는 태도입니다. 그럼 솔선수범이란 무엇일까요? 그것은 누가 시켜서가 아니라 스스로 알아서 자신이 할 일을 하는 것입니다."

이 시작에는 몇 가지 장점이 있습니다.

첫 문장이 호기심을 유발합니다. '세상이 큰 상을 주는 단 한 가지가 뭘까?'라는 궁금증을 자아내 청중을 다음 문장으로 이끕니다. 두 번째 문장은 청중을 바로 주제로 안내합니다. 궁금증을 해소해 주며 연설의 핵심으로 자연스럽게 들어갈 수 있습니다. 세 번째 문장은 질문을 던져 청중의 참여를 유도합니다. 청중이 스스로 생각하게 만들어 몰입도를 높입니다. 네 번째 문장은 주제에 대한 명확한 정의를 내립니다. 연설의 방향을 확실히 잡아 줍니다. 이런 식으로 시작하면 청중은 연설가의 생각에 동의하든 안 하든, 일단 끝까지 듣게 됩니다.

청중의 관심사와 주제를 연결하자

청중의 개인적인 관심사와 관련 있는 이야기로 연설을 시작하는 것은 매우 좋은 방법입니다. 사람들은 자신에게 중요하고 중대한 일에 가장 큰 흥미를 느끼기 때문이죠.

그러나 이 방법은 의외로 잘 사용되지 않습니다. 최근 저는 정기적인 건강 검진의 필요성에 대한 연설을 들었습니다. 그 연설가는 '생명연장협회'의 역사와 조직에 대한 이야기로 서두를 시작했습니다. 정말 어처구니가 없었죠. 청중은 그 회사가 어떻게 설립되었는지에 대해서는 관심이 없습니다. 그들이 영원히 변치 않는 관심을 가지는 대상은 오직 자기 자신뿐입니다.

왜 이 기본적인 사실을 모를까요? 그보다는 회사가 청중에게 왜 중요한 의미가 될 수 있는지를 분명히 이해시켜야 합니다.

"생명보험 계산표에 따른 여러분의 예상 기대 수명이 얼마나 되는지 알고 계십니까? 그에 따르면 여러분의 예상 기대 수명은 여든에서 현재 나이를 뺀 수의 3분의 2라고 합니다. 가령 여러분이 서른다섯 살이라면 80에서 35를 뺀 45의 3분의 2인 30년을 더 살 수 있다는 것입니다. 이 정도면 충분하신가요? 아닐 것입니다. 우리는 그보다 더 오래 살고 싶어 합니다. 하지만 그 계산표는 수백만 명의 기록을 바탕으로 한 것입니다. 여러분과 제가 그 기록을 깰 수 있을까요? 우리가 적당히 조심한다면 가능합니다. 가장 먼저 우리가 해야 할 일은 철저한 건강 검진을 받는 것입니다……."

이렇게 서두를 시작한 뒤 정기 건강 검진의 필요성을 자세히 설명한다면, 청중은 이런 서비스를 제공하기 위해 설립된 회사에 관심을 가질지 모릅니다. 하지만 처음부터 개인과 관련 없이 그 회사의 창립연도나 회사 설명같은 일반적인 이야기를 늘어놓는다면 연설은 완전히 처참하게 끝날 것입니다.

충격적인 사실을 제시하자

잡지사를 설립한 S. S. 매클러는 "훌륭한 잡지 기사는 일련의 충격적인 사건들을 기록한 것."이라고 말했습니다. 충격적인 사실은 사람들을 몽상에서 깨어나게 하고, 관심을 사로잡습니다.

볼티모어 출신의 N. D. 발렌타인은 '라디오의 경이로운 업적'이라는 연설을 이렇게 시작했습니다.

"여러분, 파리 한 마리가 뉴욕에 있는 유리창을 기어가는 소리를 라디오로 전하면 중앙아프리카에서는 나이아가라 폭포 소리만큼 크게 들릴 수 있다는 사실을 알고 계십니까?"

필라델피아의 '낙천주의자 클럽' 회장이었던 폴 기번스는 범죄에 대해 다음과 같이 매력적인 말로 연설을 시작했습니다.

"미국인은 세계적으로 최악질의 범죄자들입니다. 이 말에 놀라시겠지만, 이는 명백한 사실입니다. 오하이오주 클리블랜드에서 일어난 살인 사건의 수는 런던의 여섯 배입니다. 인구 비례로 보면 강도 건수는 런던의 170배에 해당합니다. 매년 클리블랜드에서 강도를 당하거나 강도의 공격을 받는 사람들의 수는 잉글랜드, 스코틀랜드, 웨일스의 전체 인구를 합한 수보다 많습니다. 뉴욕의 살인 사건은 전체 프랑스, 독일, 이탈리아, 또는 영국보다 많습니다. 더 슬픈 사실은 이 범죄자들이 처벌받지 않는다는 것입니다. 만약 당신이 살인을 저지른다 해도 그로 인해 처형될 가능성은 100분의 1도 안 됩니다. 무고한 시민인 여러분들이 암으로 죽을 확률이 사람을 죽이고 교수형당할 확률보다 열 배나 높다는 것입니다."

이 연설은 성공적이었습니다. 왜냐하면 기번스의 말에는 꼭 필요한 힘과 진지함이 담겨 있었기 때문입니다. 그의 말은 살아 움직였죠. 다른 학생들도 비슷한 예시를 사용했지만, 시작이 형편없었습니다. 그들의 연설은 구조적으로는 완벽했지만, 말에서 아무런 힘이 느껴지지 않았기 때문입니다.

연설을 훌륭하게 시작하는 방법

- '시작'이 가장 중요합니다. 연설의 시작은 광고 문구처럼 짧고 강렬해야 하며, 첫 문장부터 청중의 관심을 사로잡아야 합니다.

- '계획'을 세워야 합니다. 연설의 시작과 끝을 미리 철저하게 계획하는 것은 성공적인 연설을 위한 필수적인 과정입니다.

- 유머는 억지로 하지 마세요. 억지 유머보다는 자신이나 상황과 관련된 자연스러운 유머가 훨씬 효과적입니다.

- 사과로 연설을 시작하지 마세요. '준비를 못 했다'는 식의 사과는 청중의 기대를 낮추고 연설에 대한 흥미를 떨어뜨립니다.

| 실전 팁 |

1. 호기심을 유발하세요. '질문', '충격적인 사실', '놀라운 결과' 등으로 연설의 시작부터 청중의 궁금증을 자극하세요.

2. 이야기로 시작하세요. 사람들은 이야기에 쉽게 몰입합니다. 개인적인 경험이나 흥미로운 일화를 통해 청중의 관심을 끌어 보세요.

3. 구체적인 예시를 먼저 제시하세요. 추상적인 개념보다는 구체적인 사례를 먼저 들어 청중의 이해를 돕고 흥미를 유발하세요.

4. 청중의 관심사를 연결하세요. 연설 주제가 청중에게 왜 중요한지, 그들의 삶과 어떻게 연결되는지 명확하게 보여 주세요.

단번에 청중을
사로잡는 방법

꿀 한 방울과 쌍권총을 든 사람들

'꿀 한 방울이 쓸개즙 한 통보다 더 많은 파리를 잡는다.'는 옛 말이 있습니다. 이 말은 사람들에게도 똑같이 적용됩니다. 만약 누군가를 내 뜻에 따르게 하고 싶다면, 먼저 여러분이 그의 진정한 친구임을 확신시켜야 합니다. 그게 바로 그의 마음을 사로잡는 '꿀 한 방울'입니다. 일단 그의 마음을 얻으면, 여러분의 주장이 아무리 어려운 것이라도 설득하는 데 큰 어려움이 없을 겁니다. 물론 여러분의 주장이 진실로 정당해야 한다는 조건이 따르지만요.

이것은 링컨이 사용했던 방법입니다. 1858년 상원의원 선거 운동 중, 그는 '이집트'라고 불리던 남부 일리노이의 위험한 지역에서 연설을 하게 되었습니다. 그 지역 사람들은 거칠었고, 허리춤에 칼이나 총을 차고 다니는 경우가 흔했습니다. 노예 제도 폐지론자에 대한 그들의 증오심은 대단했죠.

그들 중 거친 사람들은 "만약 링컨이 한마디라도 하면 저 노예제 폐지론자를 쫓아내고 총으로 온몸에 구멍을 내주겠어!"라고 소리쳤습니다. 링컨은 이런 위협을 이미 알고 있었고, 분명한 위험을 느꼈습니다. 하지만 그는 "그들이 내게 몇 마디 할 기회만 준다면, 나는 그들을 진정시킬 수 있다."라고 말했습니다.

그래서 그는 연설을 시작하기 전에 주동자들에게 직접 다가가 자신을 소개하고 정중하게 손을 잡았습니다. 그렇게 시작된 그의 연설에는 재치가 넘쳤습니다.

"친애하는 남부 일리노이 주민 여러분, 켄터키 주민 여러분, 미주리 주민 여러분. 오늘 이 자리에 저를 싫어하는 분들이 계시다고 들었습니다. 저는 그분들이 왜 그러시는지 잘 모르겠습니다. 저는 여러분처럼 평범한 사람입니다. 그런데 왜 저에게는 여러분처럼 제 생각을 표현할 권리가 없습니까?

시민 여러분, 저는 여러분과 같은 사람입니다. 저는 이곳의 침입자가 아닙니다. 여러분 대다수가 그렇듯, 저는 켄터키에서 태어나 일리노이에서 자랐고 열심히 일해 제 길을 개척했습니다. 저는 여러분을 잘 압니다. 그리고 여러분도 저를 잘 안다면 제가 여러분께 피해를 줄 사람이 아니라는 사실도 잘 알 것입니다. 그런데 왜 저에게 해를 가하려 합니까? 이런 어리석은 짓은 생각하지 말고 우리 모두 친구가 됩시다. 저는 세상에서 가장 평화로운 사람 중 하나이며, 다른 사람의 권리를 침해할 사람이 아닙니다. 제가 여러분께 바라는 것은 제 말에 귀를 기울여 주시는 것입니다. 용감하고 용맹한 여러분은 분명 그렇게 해 주시리라 믿습니다. 이제 친구처럼 솔직하게 이야기해 봅시다."

연설 내내 그의 얼굴에는 훌륭한 성품이 드러났고, 목소리는 진심 어린 호소로 떨리고 있었습니다. 이 재치 있는 시작은 몰려오던 폭풍우를 멈추게 했고, 적들을 조용하게 만들었습니다. 그리고 정말로 그 연설은 많은 사람을 링컨의 친구로 만들었습니다. 거칠고 무례했던 그들은 뒷날 링컨이 대통령이 되는 데 가장 열정적인 지지자가 되었습니다.

물론, 여러분은 이렇게 생각할 수도 있습니다. '재밌는 이야기네. 하지만 이게 나랑 무슨 상관이지? 나는 링컨이 아니잖아. 나를 해치려는 사람 앞에서 연설할 일은 없다고!' 맞습니다. 하지만 여러분은 거의 매일 여러분과 생각이 다른 친구들이나 선생님과 이야기하며 살아갑니다. 집에서든, 학교에서든, 온라인에서든 계속해서 사람들에게 여러분의 의견을 이해시키려 노력하죠.

그렇다면 여러분은 어떻게 대화를 시작하나요? 링컨처럼 지혜를 발휘하나요? 아니면 상대방의 입장이나 생각을 전혀 고려하지 않은 채 자신의 주장만 늘어놓는 식으로 시작하나요? 대부분의 사람은 상대방의 생각이나 감정을 살피지 않고, 자신의 생각만 말하기 바쁘기 마련입니다. 대화를 잘하는 사람들은 링컨처럼 상대방의 마음을 얻는 것부터 시작합니다. 그들의 마음을 사로잡는 '꿀 한 방울'을 먼저 건넨 뒤에, 자신의 이야기를 시작하는 것이죠.

제가 들었던 수많은 연설 중에는 '뜨거운 논쟁'을 다루는 연설이 많았습니다. 거의 모든 연설가들은 마치 도자기 가게에 들어온 황소처럼 연설을 시작했죠. 그들은 자신의 신념과 주장을 강하게 드러내며, 마치 자신의 생각이 단단한 바위처럼 절대로 흔들리지 않는다고 주장했습니다. 그러면서 다른 사람들이 본인의 소중한 생각을 버리고 자신의 주장을 받아들이길 바랐죠.

결과는 어땠을까요? 모든 논쟁은 거의 똑같은 결과로 끝났습니다. 아무도 그들의 의견에 동의하지 않았습니다. 무뚝뚝하고 공격적인 시작은 다른 의견을 가진 사람들의 마음을 닫게 만들었고, 청중은 그가 하는 모든 말을 무시하고 싫어하게 되었습니다. 그의 말은 오히려 사람들이 자신의 신념 뒤에 더욱 숨어 버리게 만들었죠.

그런 연설가는 시작부터 청중을 밀어내고, 그들이 마음속으로 "아니야! 아니야!"라고 외치게 만드는 치명적인 실수를 저지른 것입니다.

"아니오" 대신 "네"를 이끌어 내는 기술

　　나와 다른 생각을 가진 사람을 내 뜻에 따르게 하는 것이 어떻게 그리 쉬울까요? 뉴욕의 사회 연구 학교 오버스트리트 교수의 강의에는 이 문제에 대한 해답이 있습니다.

　　"아니오."라는 부정적인 반응은 가장 극복하기 어려운 장애물입니다. 일단 "아니오."라고 말하면, 사람들은 자존심 때문에 그 입장을 굽히지 않으려 하죠. 나중에는 자신이 틀렸다고 생각하더라도, 자존심 때문에 그 의견을 고수하게 됩니다.

　　그래서 처음부터 상대방이 긍정적인 방향을 잡을 수 있도록 이끄는 것이 중요합니다. 훌륭한 연설가는 연설 초반에 몇 번이고 "네."라는 반응을 이끌어 냅니다. 이는 마치 당구공을 한쪽 방향으로 쳐 보내는 것과 같아서, 일단 긍정적인 방향으로 움직이게 만들면 방향을 바꾸는 것이 훨씬 쉬워지죠.

　　"아니오."라고 말할 때 우리 몸은 긴장 상태가 됩니다. 신경과 근육이 수용을 거부하는 방어적인 자세를 취하죠. 그러나 "네."라고 말할 때는 이런 긴장이 일어나지 않습니다. 몸 전체가 수용적이고 개방적인 태도를 취하게 됩니다. 따라서 연설 초반에 긍정적인 반응을 많이 이끌어 낼수록, 궁극적으로 우리가 제안하는 바를 상대방이 받아들일 확률이 높아집니다.

이 전략은 매우 단순하지만, 너무 사소하게 여겨져 무시되는 경우가 많습니다. 사람들은 처음부터 다른 의견을 내세워야 자신이 대단해 보인다고 착각하곤 합니다. 하지만 상대를 설득하는 것이 목적이라면, 이런 행동은 심리적으로 무지하다는 것을 보여 줄 뿐입니다.

학생, 고객, 자녀, 배우자 등 누가 되든, 상대방에게 처음에 일단 "아니오."라는 말이 나오게 했다면, 그 부정적인 대답을 다시 "네."로 바꾸는 데는 엄청난 지혜와 인내가 필요할 것입니다.

어떻게 처음부터 "네."라는 반응을 얻을 수 있을까요? 아주 간단합니다.

링컨은 그 비법에 대해 이렇게 말했습니다.

"내가 논쟁을 시작해서 이기는 방법은 먼저 공통의 합의점을 찾는 것이다."

그는 심지어 노예 제도처럼 굉장히 민감한 문제에 대해 논쟁할 때도 이 방법을 사용했습니다. 링컨의 연설을 보도한 중립 신문 「미러(The Mirror)」는 그의 연설에 대해 이렇게 평했습니다.

"그의 적들은 그가 하는 모든 말에 동의했다. 그때부터 그는 마치 양치기가 양을 몰듯, 조금씩 그들을 특정한 방향으로 이끌었고 마침내 자신의 울타리 안으로 들어오게 만들었다."

토론에서는 공통점을 강조하자

제1차 세계대전이 끝난 뒤 롯지 상원의원과 하버드 대학교 로
웰 총장이 보스턴에서 '**국제 연맹**'에
대해 토론했습니다. 롯지 상원의원
은 청중의 대부분이 자신의 의견에
반대한다는 사실을 알고 있었죠.

국제 연맹(League of Nations). 제1차 세
계대전 이후 국제 평화와 협력을 위해 창
설된 국제 기구(1920~1946). 1945년 국
제 연합(UN)이 창설된 뒤 해체되었다.

그는 어떻게 이 난관을 극복했을까요? 청중의 생각을 정면으로
비판했을까요? 절대 아닙니다. 그는 사람들의 심리를 정확히 꿰뚫
고 있었기에, 그런 어리석은 방법으로 일을 망칠 사람이 아니었죠.

그는 연설을 시작하면서 청중이 거부할 수 없는 몇 가지 문장을
사용해 탁월한 재치와 기지를 보여 주었습니다. "저의 동포 미국
인 여러분"이라고 말하며 청중의 애국심에 호소했고, 서로의 차
이를 최대한 줄이고 공통점을 드러냈습니다. 그는 반대자들도 '미
국의 행복과 세계 평화'라는 대의를 위해서는 자신과 같은 마음이
라고 강조했습니다. 심지어 자신이 특정 종류의 국제 연맹을 지지
한다고까지 말했죠. 결국 그와 반대자가 서로 차이를 보이는 부분
은, 그가 더 이상적이고 효과적인 연맹이 필요하다고 느낀다는 점
뿐이었습니다.

"존경하는 대통령님, 신사 숙녀 여러분, 저의 동포인 미국 국민

여러분. 로웰 총장님의 배려 덕분에 오늘 이 훌륭한 청중 앞에 서게 되어 영광입니다. 저의 오랜 친구이자 같은 공화당원인 그분은 미국에서 가장 중요하고 영향력 있는 대학교의 총장입니다. 또한 그는 정치학 분야의 훌륭한 학자이자 역사가이기도 하죠. 우리 앞에 놓인 이 큰 문제에 대한 구체적인 방법에서는 그분과 제 의견이 다를 수 있지만, 세계 평화의 유지와 미국의 행복에 대해서는 서로 같은 뜻을 가지고 있다고 믿습니다.

허락해 주신다면 제 생각을 말씀드리겠습니다. 저는 여러 번 이 주제에 대해 말했고, 단순하고 쉬운 말로 전달했다고 생각했습니다. 하지만 제 말을 오해해 논쟁의 도구로 사용하는 사람들이 있고, 매우 현명한 판단력을 지닌 분 중에도 제 말을 잘못 이해하는 분들이 계신 것 같습니다. 제가 국제 연맹에 반대하는 것처럼 알려져 있지만, 사실은 전혀 다릅니다. 저는 오히려 세계의 자유 국가들이 하나의 연맹 안에서 미래의 세계 평화를 보장하고 군비를 축소하기 위해 할 수 있는 모든 일을 하게 되기를 간절히 바라고 있습니다."

이런 연설을 들으면, 연설가와 다른 의견을 가졌던 사람들도 닫혔던 마음이 열리고 누그러지지 않을까요? '조금 더 들어 보자'는 마음도 자연스럽게 가질 수 있을 겁니다. 이런 연설을 통해 사람들은 연설가를 공정한 사람이라고 생각하게 되겠죠.

만약 롯지 상원의원이 국제 연맹을 지지하는 사람들에게 "당신들은 잘못되었고, 환상에 빠져 있다."고 직설적으로 말했다면 결과는 어땠을까요? 말할 것도 없이 연설은 아무 소용이 없었을 것입니다.

제임스 하비 로빈슨 교수의 『정신의 형성』에 나오는 이 글은 왜 공격적인 연설이 효과가 없는지 심리학적인 관점에서 잘 보여 줍니다.

"우리는 때때로 아무 저항 없이 마음을 바꿀 때가 있습니다. 하지만 누군가로부터 우리가 틀렸다는 말을 들으면, 그 말에 분개해 마음을 굳게 닫아 버리죠. 우리는 어떤 믿음을 형성할 때는 놀랄 정도로 허술하지만, 누군가 그 믿음을 깨려고 하면 터무니없을 만큼 집착합니다. 이때 우리에게 소중한 것은 아이디어 자체가 아니라, 외부의 위협에 노출된 우리의 자존심입니다.

사람에게 가장 중요한 것은 바로 '나의'라는 생각입니다. 나의 저녁 식사, 나의 개, 나의 집, 나의 신념 등 무엇이든 '나의'라는 말과 관련된 것은 모두 같은 힘을 가지고 있죠. 내 시계가 틀렸거나 내 차가 형편없다는 말을 들었을 때처럼, 나의 생각에 대해 누군가 의문을 제기하면 우리는 매우 불쾌해합니다.

우리는 자신이 진리라고 믿어 왔던 것을 계속 믿고 싶어 합니다. 누군가 이런 믿음 체계에 의혹을 던지면, 우리는 반발심 때문에 그 믿음에 더욱 집착하게 되죠. 그러므로 소위 말하는 '논쟁'이라는 것은, 우리가 이미 믿고 있는 것을 계속 믿기 위한 근거를 찾아내는 작업과 같은 것입니다."

이 글은 상대방을 무턱대고 공격하거나 논쟁하려 들지 말고, 그 사람의 자존심을 건드리지 않는 방식으로 접근하는 것이 얼마나 중요한지 깨닫게 해 줍니다.

최고의 토론 방식은 '설명'이다

청중과 대놓고 논쟁하려는 연설자는 청중을 더 고집스럽고 방어적으로 만들 뿐입니다. "지금부터 제가 이것을 증명하겠습니다."라고 말하는 것이 과연 현명할까요? 청중은 이런 태도를 일종의 도전으로 받아들이고 "그래, 얼마나 잘하나 보자."라고 생각하며 여러분을 지켜볼 겁니다.

이런 방법 대신, 청중이 공감하는 어떤 것을 먼저 강조한 뒤 모두가 듣고 싶어 하는 질문을 던지는 게 훨씬 효과적입니다. 그런 다음, 청중을 그 해답을 찾는 진지한 과정에 동참시키세요.

해답을 찾는 동안 사실들을 명확하게 제시하여 청중이 무의식적으로 여러분의 결론을 스스로 내린 것처럼 느끼게 유도하세요. 사람들은 자신이 직접 찾아낸 사실을 더 강하게 믿는 경향이 있습니다. 기억하세요, '최고의 토론은 그냥 차분하게 설명하는 것처럼 보이는 것'입니다.

1775년 버지니아 집회 때 패트릭 헨리는 역사적으로 유명한 연설을 남겼습니다. 특히나 "나에게 자유가 아니면 죽음을 달라!"는 마지막 문장이 인상적인 연설이었습니다. 이 격렬한 연설이 비교적 차분하고 재치 있는 시작으로 문을 열었다는 사실을 아는 사람은 거의 없습니다.

당시 가장 중요한 논쟁거리는 미국 식민지들이 영국으로부터 독립해 전쟁을 벌여야 하는가였습니다. 사람들의 감정은 뜨겁게 끓어오르고 있었지만, 패트릭 헨리는 자신과 반대되는 의견을 가진 사람들의 능력과 애국심을 칭찬하는 말로 연설을 시작했습니다.

그의 연설문 두 번째 단락에서, 그가 어떻게 질문을 던져 청중의 생각을 자신의 방향으로 유도하는지 살펴보세요.

"친애하는 의장님, 여기 계신 어떤 분도 연설하신 신사분들의 능력과 애국심에 대해 저보다 더 큰 존경심을 가지지는 않을 것입니다. 하지만 사람들은 저마다 생각이 다르기에 같은 문제에 대해서도 서로 다른 의견을 가질 수 있습니다. 따라서 제가 그분들과 다른 의견을 가지고 자유롭게 말한다고 해서 그것이 무례하게 들리지 않기를 바랍니다.

지금은 격식을 차릴 때가 아닙니다. 우리가 당면한 이 문제는 이 나라에 매우 중요한 의미를 가지고 있습니다. 저 개인적으로는 그것을 자유 또는 속박의 문제로 보고 있습니다. 이 주제만큼 중요한 문제는 바로 토론의 자유에 관한 것입니다. 우리가 자유롭게 토론해야만 진리에 도달할 수 있고, 조국에 대한 큰 책임을 완수할 수 있습니다. 이런 때에 제가 공격받을 것을 걱정해 제 생각을 말하지 않는다면 그것은 조국을 배신하는 것이고, 하느님께 죄를 짓는 것입니다.

존경하는 의장님, 인간이 희망의 환상에 빠지는 것은 자연스러운 일입니다. 우리는 고통스러운 진실에 눈을 감고, 사악한 바다의 요정 사이렌의 노래에 취하고 싶어 합니다. 그녀가 우리를 짐승으로 만든다는 사실도 모른 채 말입니다. 이것이 자유를 위한 중요하고 힘겨운 싸움에 참여하는 지혜로운 자들이 할 일일까요? 우리는 자신의 삶과 밀접하게 관련된 것들을 보지 못하고 듣지 못하는 그런 무리에 속하고 싶습니까? 저는 어떤 정신적 고통이 있더라도 모든 진실을 알고 싶고, 최악의 진실도 회피하지 않고 그것에 맞설 준비를 하고자 합니다."

셰익스피어가 쓴 최고의 연설

윌리엄 셰익스피어의 소설에는 등장인물의 입을 빌려 유명한 연설이 나옵니다. 마르쿠스 안토니우스가 율리우스 카이사르의 시체 앞에서 행한 추도사는 뛰어난 기술을 보여 주는 연설의 고전적인 예입니다.

상황은 이렇습니다. 카이사르가 독재자가 되자, 그의 정적들은 그를 질투했습니다. 결국 브루투스와 카시우스의 지휘 아래 23명의 사람들이 카이사르를 칼로 찔러 죽였죠.

카이사르의 오른팔이었던 마르쿠스 안토니우스는 잘생기고 글솜씨가 뛰어난 연설가였습니다. 카이사르가 사라진 뒤 음모자들은 안토니우스의 영향력을 무시할 수 없었기에 그를 자신들의 편으로 끌어들이려 했습니다. 그들은 안토니우스에게 카이사르의 장례식에서 '몇 마디 할 수 있도록' 허락하는 친절을 베풀었죠.

이에 안토니우스는 로마 광장의 연단에 올랐습니다. 그의 앞에는 살해당한 카이사르가 누워 있었고, 군중은 카이사르를 죽인 브루투스 일당에게 우호적인 사람들이었습니다. 안토니우스의 목표는 그 자리에 모인 군중의 마음을 돌려 반란을 일으킨 암살자들을 처벌하게 만드는 것이었습니다.

그가 손을 치켜들자 소란은 가라앉았습니다. 안토니우스가 얼마나 노련하고 교묘하게 브루투스 일당을 치켜세우며 연설을 시작하는지 주목해 보세요.

"브루투스는 명예로운 분입니다.

그들도 모두 명예로운 분들입니다."

그는 직접적으로 논쟁하지 않았습니다. 대신 카이사르에 대한 사실들을 하나씩 이야기했죠. 카이사르가 포로들의 몸값으로 나라의 재정을 채웠다는 것, 가난한 사람들과 함께 울었다는 것, 왕관을 세 번이나 거절했다는 것, 그리고 자신의 재산을 시민들에게 남겼다는 것 등을 말했습니다.

그는 사실을 나열하면서 청중에게 질문을 던져, 그들 스스로 결론을 내리게 만들었습니다.

"저는 여러분이 이미 알고 있는 사실에 대해 말할 뿐입니다."

안토니우스는 마법 같은 말솜씨로 군중의 마음을 움직이고 격한 감정을 자극했습니다. 동정심을 일깨우고 분노에 불을 지폈죠.

다음은 기지와 달변의 정석이라 할 수 있는 그의 연설 전문입니다. 문학이나 연설과 관련된 어떤 자료를 찾아봐도 이만큼 뛰어난 연설을 찾기는 어려울 겁니다. 사람들의 마음을 움직이는 기술을 배우고 싶은 사람이라면 누구나 이 연설문을 진지하게 연구해 볼 만한 가치가 있습니다.

"친구들, 로마인들, 동포 여러분, 당신들의 귀를 빌려주시오. 나는 카이사르를 찬양하러 온 것이 아니라 매장하기 위해 왔습니다. 사람이 행한 악행은 그가 죽은 뒤에도 남아 있지만, 선한 행실은 그의 뼈와 함께 땅에 묻힙니다. 카이사르도 예외일 수는 없습니다.

고귀한 브루투스는 당신들에게 카이사르가 야심이 있었다고 말합니다. 그것이 사실이라면 그것은 큰 잘못이고 카이사르는 참담하게 그 대가를 치렀습니다. 저는 브루투스와 나머지 분들의 허락을 받아 카이사르의 장례식에서 추도사를 하게 되었습니다. 그는 제 친구였고, 제게 신실하고 공정했습니다. 하지만 브루투스는 그에게 야심이 있었다고 말합니다. 브루투스는 고귀하신 분입니다.

카이사르는 많은 포로들을 로마에 끌고 와 그들의 몸값으로 국고를 채웠습니다. 이것이 카이사르의 야심이었습니까? 가난한 사람들이 울 때 그분은 같이 울었습니다. 야심은 조금 더 냉혹한 성품에서 나와야 합니다. 하지만 브루투스는 그가 야심이 있었다고 말합니다. 브루투스는 고귀하신 분입니다.

루퍼컬 축제에서 여러분도 보셨을 것입니다. 제가 카이사르에게 세 번이나 왕관을 바치는 것을, 그리고 그가 세 번이나 거절하는 모습을 말입니다. 이것이 야심입니까? 분명히 브루투스는 영예로운 분입니다. 저는 브루투스가 한 말을 반박하려는 것이 아니라 제가 아는 사실을 말하기 위해 이 자리에 나온 것입니다. 여러분은 한때 그분을 사랑했고, 거기엔 이유가 있었습니다. 그렇다면 왜 그분을 애도하는 일에 주저하는 것입니까?

오, 판단력이여! 그대는 잔인한 짐승들에게 도망가 버리고 인간은 이성을 잃어버렸구나! 아, 저를 이해해 주십시오. 제 심장은 카이사르와 함께 관에 누워 있으니 그것이 다시 돌아올 때까지 쉬어야겠습니다.”

단번에 청중을 사로잡는 방법

- '꿀 한 방울'이 중요합니다. 논쟁에서 이기기보다 상대방의 마음을 얻는 것이 먼저입니다. 상대방을 친구로 만들면 어떤 어려운 주장도 설득하기 쉬워집니다.

- '아니오' 대신 '네'를 이끌어 내세요. 상대방이 긍정적으로 반응하게 만들면, 궁극적으로 나의 의견을 받아들일 가능성이 높아집니다.

- 공격적인 태도는 피하세요. 논쟁으로 상대방의 자존심을 건드리면 마음의 문이 닫히고 오히려 자신의 신념을 더 굳게 지키려 합니다.

- 최고의 토론은 '설명'처럼 보이는 것입니다. 상대방에게 해답을 제시하기보다 스스로 결론을 내리도록 유도하세요.

| 실전 팁 |

1. 공통의 합의점을 찾으세요. 상대방과 다른 점이 아닌, 서로 동의하는 부분을 먼저 이야기하세요.

2. 질문을 던져 보세요. 연설 초반에 "여러분도 이렇게 생각하시지 않나요?"와 같은 질문을 통해 청중이 긍정적인 반응을 하도록 유도하세요.

3. 팩트를 나열하세요. 감정적인 주장을 하기보다 객관적인 사실들을 제시하여 청중 스스로 결론을 내리게 하세요.

4. 겸손한 태도를 가지세요. "제가 이것을 증명하겠습니다." 대신 "제 생각을 말씀드리겠습니다."와 같은 겸손한 표현을 사용해 청중을 존중하는 모습을 보여 주세요.

연설을 제대로
마무리하는 방법

말하기는 마무리가 중요하다

말하는 사람의 실력과 수준은 어디에서 가장 잘 드러날까요? 바로 연설의 시작과 끝입니다. 연극계에 이런 오랜 격언이 있습니다. "배우의 수준은 그가 등장하고 퇴장하는 모습만으로도 알 수 있다." 어떤 일이든 시작과 끝이 가장 어렵습니다. 조별 발표에서 인상적인 도입부를 발표하고 깔끔하게 마무리하는 것도, 친구와의 대화에서 좋은 분위기로 이야기를 시작하고 잘 끝내는 것도 쉽지 않죠.

연설에서 마무리는 전략적으로 가장 중요한 부분입니다. 마지막에 하는 말은 연설이 끝난 뒤에도 청중의 기억 속에 가장 오래 남기 때문이죠. 하지만 초보자들은 이 중요성을 잘 알지 못하고,

끝맺음에서 아쉬움을 남기는 경우가 많습니다.

가장 흔히 저지르는 실수는 무엇일까요? 몇 가지 예를 보고 그 해결책을 찾아보죠.

첫째, "이제 끝낼 때가 된 것 같습니다."라고 말하며 연설을 마무리하는 것입니다.

이것은 끝이 아니라 실수입니다. 아마추어라는 티를 내는, 용서받기 어려운 실수죠. 할 말을 다했으면 바로 자리에 앉아야지, 왜 굳이 '이제 다 말한 것 같다'는 이야기를 덧붙이는 걸까요? 연설을 마칠 때가 되었는지 판단하는 것은 청중에게 맡기는 편이 더 현명합니다.

둘째, 말이 다 끝났는데도 계속해서 연설하는 것입니다.

미국의 작가 조시 빌링스는 황소를 잡을 때 뿔이 아닌 꼬리를 잡으라고 조언했습니다. 그래야 놓기가 쉽기 때문이죠. 그런데 어떤 연설가는 황소를 정면에서 상대하고 있으니, 아무리 애를 써도 도망칠 수 없습니다. 결국 그는 계속해서 같은 말과 행동을 반복하며 청중을 지루하게 만듭니다.

그렇다면 과연 어떻게 마무리를 해야 할까요? 결론은 미리 계획해 두는 것이 좋습니다. 청중을 마주한 긴장된 순간이나 연설 내용에 집중하고 있을 때 결론을 생각하는 것은 현명하지 않습니다. 조용하고 차분하게 미리 계획하는 것이 훨씬 효과적입니다.

노련한 연설가들도 마지막에 할 말은 한 글자 한 글자 정확하게 미리 적고 외울 정도로 신중하게 준비합니다. 초보자들이 그들의 방식을 따른다면 실패할 일은 없을 겁니다.

마무리 발언에 어떤 생각을 담을 것인지는 미리부터 아주 정확하게 알고 있어야 합니다. 미리 여러 번 연습하되, 연습할 때마다 반드시 똑같은 표현을 사용해야 하는 것은 아닙니다. 하지만 청중에게 전하고자 하는 내용만큼은 분명한 언어로 표현하는 훈련을 해야 합니다.

많은 초보 연설가들은 연설을 갑작스럽게 끝내는 실수를 저지릅니다. 마무리가 매끄럽지 못하고, 세련된 느낌도 없죠. 엄밀히 말하자면, 그들의 연설에는 '끝'이 없습니다. 그냥 어느 순간 갑자기 멈출 뿐이죠. 당연히 듣는 사람 입장에서는 뒷맛이 찝찝하고 개운하지 않습니다. 그렇다면 연설을 어떻게 끝내야 할지 고민이 많으실 텐데요. 지금부터 그 고민을 해결해 줄 유용한 방법들을 함께 찾아보겠습니다.

핵심 내용을 요약하자

3~5분 정도의 짧은 연설에서 너무 많은 것을 다루려 하면 청중은 혼란스러워집니다. 연설가는 자신이 이야기하는 내용이 자신

에게는 명확하므로 청중에게도 잘 전달될 것이라고 착각하지만, 그렇지 않죠. 연설가는 이미 여러 번 고민했던 내용이지만, 청중에게는 처음 듣는 이야기이기 때문입니다. 마치 손으로 모래를 뿌리는 것처럼, 어떤 내용은 이해되겠지만 대부분은 놓치게 됩니다.

어떤 아일랜드 정치인은 연설에 대해 이렇게 조언했습니다.

"우선 청중에게 당신이 이야기를 시작할 것이라고 말하라. 그리고 말을 하고, 그다음엔 당신이 이런저런 말을 했다는 사실을 말하라."

나쁘지 않은 방법입니다. 연설을 마무리할 때 자신이 어떤 이야기를 했는지 간단히 요약해 주는 것은 매우 바람직한 방법입니다. 단, 요점만 간결하게 전달해야 합니다.

재치 있게 마무리하자

미국의 배우이자 극작가인 조지 코핸은 "작별 인사를 할 때는 항상 웃음을 남겨라."라고 말했습니다. 만약 여러분에게 이런 재치와 소재가 있다면, 분명 훌륭한 마무리를 할 수 있습니다. 하지만 사람들을 웃기는 일은 쉽지 않습니다.

로이드 조지가 감리교 신자 모임에서 존 웨슬리의 무덤에 대해 이야기할 때, 아무도 그가 농담을 할 것이라고 예상하지 못했습니다. 하지만 그는 재치 있는 유머로 연설을 부드럽고 아름답게 마무리했습니다. 다음 예시를 보세요.

"저는 여러분이 그분(존 웨슬리)의 무덤을 보수하기 시작했다는 말을 듣고 기뻤습니다. 그분은 마땅히 명예롭게 보존되어야 합니다. 그분은 생전에 불결하고 지저분한 것을 혐오하셨습니다. 또한 '감리교 신자는 다른 사람에게 초라하게 보이면 안 된다.'고 말씀하신 것도 그분이라고 생각합니다. 우리 신도들 중에 그런 사람이 없는 것도 다 그분 덕입니다. (웃음) 그런 분의 무덤을 초라하게 두는 것은 이중으로 불경한 일입니다.

그분이 지나가실 때 문으로 달려와서 '웨슬리 선생님께 하느님의 축복이 함께하시길.'이라고 인사한 소녀에게 그분이 어떻게 대답하셨는지 아마 기억하실 겁니다. '아가씨의 얼굴과 앞치마가 좀 더 깨끗했다면 그 축복이 더 소중했을 텐데.' (웃음) 그 정도로 그분은 깔끔하셨습니다. 그러니 그분의 무덤을 깨끗하게 유지해 주십시오. 만일 그분이 지나가시다가 그곳의 깔끔하지 못한 모습을 보면 슬퍼하실 것입니다. 잘 관리해 주십시오. 그곳은 기념할 만한 성소입니다. 이는 또한 여러분의 믿음이기도 합니다. (환호)"

클라이맥스 기법을 활용하자

클라이맥스 기법은 연설 마무리에 자주 사용되지만, 소화하기 어려운 기술 중 하나입니다. 하지만 이 기법을 잘 활용하면 그 효과는 엄청납니다. 연설이 뒤로 갈수록 각 문장들이 힘을 얻어 정점을 향해 올라가기 때문이죠. 3장에 나왔던 필라델피아 연설의 마지막 부분이 좋은 예입니다.

링컨은 이 기법을 활용해 나이아가라 폭포에 대한 강연 메모를 준비했습니다. 그가 폭포의 역사를 콜럼버스, 예수, 모세, 아담의 시기와 비교하면서 어떻게 점차 강해지는 클라이맥스를 만드는지 주목해 보세요.

"그것은 아주 먼 과거를 떠올리게 합니다. 콜럼버스가 처음 이 대륙을 발견했을 때, 그리스도가 십자가에서 고통받았을 때, 모세가 백성을 이끌고 홍해를 건넜을 때, 아니, 그보다 훨씬 이전에 창조주의 손끝에서 아담이 떨어졌던 태초의 그 순간에도 나이아가라 폭포는 지금처럼 엄청난 소리를 내며 떨어졌습니다. 미국에 있는 산을 자신들의 뼈로 채운, 지금은 사라진 거인족의 눈도 지금 우리의 눈이 바라보듯 나이아가라를 보았습니다. 태초에 인류와 함께하고, 최초의 인간보다도 이 세상에 먼저 태어난 나이아가라는 1만 년 전과 같이 오늘도 힘차고 신선합니다. 오래전 멸종해 이제는 거대한 뼛조각들로만 존재를 증명하는 매머드와 마스토돈도 나이아가라를 보았습니다. 그 오랜 시간 동안 나이아가라는 한 번도 멈춘 적이 없으며 마른 적도, 얼어 버린 적도, 잠을 잔 적도, 휴식을 취한 적도 없습니다."

아쉬움의 미학

훌륭한 연설의 시작과 끝을 찾을 때까지 끊임없이 노력하세요. 그리고 그 시작과 끝을 긴밀하게 연결해야 합니다. 빠르게 변화하는 시대에 맞춰 말을 하지 못하는 연설가는 환영받지 못하며, 때로는 지루함의 대상이 될 수 있습니다.

성인(聖人)으로 불렸던 사도 바울도 이 점에서는 실수를 했습니다. 그는 설교를 너무 길게 해, 청중 중 한 명이었던 젊은이(유티쿠스)가 잠이 들어 창문에서 떨어져 목숨을 잃을 뻔했죠.

또, 제가 기억하는 한 의사는 브루클린의 한 연회에서 연설을 했습니다. 많은 연설자가 이미 말을 마친 뒤여서, 그의 차례가 되었을 때의 시간은 무려 새벽 2시였습니다. 상식적으로는 대여섯 문장으로 짧게 끝내고 청중을 쉬게 했어야 했지만, 그는 그러지 않았습니다. 청중은 그가 유티쿠스처럼 창문에서 떨어져 입을 다물게 되기를 바랐을 겁니다.

「새터데이 이브닝 포스트」의 편집자 로리머는 인기 절정의 순간에 기사 연재를 중단한다고 했습니다. 그러면 독자들이 더 많은 정보를 요구한다는 거죠. 그 이유를 묻자, 그는 이렇게 답했습니다.

"인기 절정의 순간이 지나면 바로 포만감이 들기 때문이죠."

연설에도 이 원리가 적용되어야 합니다. 청중이 당신의 말을 더 듣고 싶어 할 때, 그때 멈춰야 합니다.

예수의 가장 위대한 설교인 산상수훈도 고작 5분 정도였습니다. 링컨의 게티즈버그 연설은 단 10개의 문장으로 되어 있죠. 성경의 창조 설화도 아침 신문의 살인 사건 기사를 읽는 시간보다 짧습니다.

아프리카의 한 부족은 연설이 길어지면 "이메토샤! 이메토샤!(그만! 그만!)"이라고 외치며 연설자를 중단시킨다고 합니다. 또 다른 부족은 연설자가 한 발로 서 있을 수 있는 시간만큼만 연설을 허락했죠. 들고 있던 발이 땅에 닿는 순간, 그는 말을 멈춰야 했습니다. 말이 길게 늘어지는 것을 좋아하는 청중은 없습니다.

연설을 제대로 마무리하는 방법

- 연설의 마무리는 가장 중요합니다. 연설의 시작과 끝이 연설자의 실력을 보여 주는 부분입니다.

- '끝'은 미리 계획해야 합니다. 긴장된 순간에 결론을 즉흥적으로 만들려 하지 마세요.

- 청중이 더 듣고 싶어 할 때 멈추는 '아쉬움의 미학'이 필요합니다. 포만감이 들기 전에 연설을 끝내세요.

- 명확한 요약과 강력한 클라이맥스를 사용하세요. 핵심을 간결하게 정리하고, 감정을 고조시키는 클라이맥스로 마무리하면 청중에게 깊은 인상을 남길 수 있습니다.

| 실전 팁 |

1. 마무리 멘트를 미리 완벽하게 준비하세요. 연설의 마지막 부분은 대본을 작성하고 여러 번 연습하여 자연스럽게 말할 수 있도록 하세요.

2. "이제 끝낼 때가 된 것 같습니다." 같은 말은 피하세요. 연설이 끝났다고 생각되면 군더더기 없이 바로 마무리하고 자리에 앉으세요.

3. '클라이맥스'를 활용해 보세요. 링컨이 나이아가라 폭포를 묘사하듯, 연설의 마지막 부분을 점점 더 강렬하게 만들어 보세요.

4. 연설을 짧게 끝내세요. 예수의 '산상수훈'이나 링컨의 '게티즈버그 연설'처럼 짧고 강렬한 연설이 더 큰 힘을 가집니다.

MEMO

4부
말하기의 4가지 목표

PUBLIC SPEAKING AND
INFLUENCING MEN IN BUSINESS

의미를 명확하게 전달하라

연설의 4가지 목표

제1차 세계대전 중 영국의 한 유명한 주교가 롱아일랜드의 캠프에서 문맹인 흑인 병사들을 앞에 두고 연설한 적이 있습니다. 그 병사들은 전쟁터로 가는 길이었지만, 왜 자신이 그곳에 가야 하는지 아는 사람이 거의 없었죠. 그들에게 물어보니 '국제 친선'이나 '세르비아의 권리' 같은 단어를 말했지만, 절반은 세르비아가 동네 이름인지, 병 이름인지조차 모르는 이들이었습니다.

그 주교의 연설 결과만 놓고 보자면, 마치 태양계의 기원에 관한 과학 이론을 설명한 것과 다름없었습니다. 그럼에도 연설 중에 강당을 떠난 병사는 단 한 명도 없었습니다. 왜냐하면 출구마다 권총을 찬 헌병들이 배치되어 있었기 때문입니다.

그 주교가 잘못했다는 것은 아닙니다. 그는 누가 봐도 훌륭한 학자였기에, 만약 유식한 사람들 앞이었다면 그의 연설은 강한 울림을 주었을지도 모릅니다. 하지만 그 흑인 병사들 앞에서는 완전히 실패했습니다. 그는 자신의 청중을 알지 못했고, 연설의 정확한 목적도, 그것을 달성하는 방법도 몰랐던 것이죠.

연설의 목적은 무엇일까요? 연설가 자신이 알든 모르든, 모든 연설은 다음 네 가지 중 하나를 목표로 합니다.

1. 어떤 사항을 명확하게 이해시킨다.
2. 감동을 주고 확신을 갖게 한다.
3. 행동을 유도한다.
4. 즐거움을 준다.

이 모든 것을 잘 해내려면 지식과 전문적인 교육이 필요합니다. 연설 구성은 정말 중요하기 때문에, 이 책에서는 여러 장을 할애해 이 문제를 자세히 다루고 있습니다.

이번 장에서는 연설가가 전하려는 내용을 청중에게 정확히 이해시키는 방법을 알아볼 것입니다.

10대를 위한 데일 카네기 성공대화론

비교를 활용해 설명하자

명확함의 중요성과 그 어려움을 절대 과소평가해서는 안 됩니다. 최근 저는 한 아일랜드 시인의 시 낭송 행사에 참석했는데, 절반의 시간이 지나도록 그의 말을 이해하는 사람은 참석자의 10%도 되지 않았습니다. 공적인 자리든 사적인 자리든, 이런 식으로 말하는 사람이 정말 많습니다.

저는 40년 동안 강연을 해 온 올리버 롯지 경과 대중 연설의 핵심에 대해 이야기한 적이 있습니다. 그는 지식과 준비의 중요성을 강조한 뒤 "명확한 의미 전달을 위해 상당히 노력해야 한다."라고 말했습니다.

그 옛날 예수가 비유를 들어 이야기했듯, 오늘날에도 청중에게 익숙하지 않은 주제를 말할 때는 그들이 이미 알고 있는 것에 비유해 설명하는 것이 가장 효과적입니다.

예수는 사람들이 알지 못하는 '천국'을 설명하기 위해, 그들에게 익숙한 것들을 예로 들었습니다.

"천국은 마치 여자가 가루 서 말 속에 갖다 넣어 전부 부풀게 한 누룩과 같다."

"천국은 마치 좋은 진주를 구하는 상인과 같다."

"천국은 마치 바다에 던져 놓은 그물과 같다."

이것은 명쾌하고 이해하기 쉽습니다. 군중 속의 아내들은 매일 빵을 만들며 누룩을 사용했고, 어부들은 바다에서 그물질을 했으며, 상인들은 진주를 사고팔았기 때문입니다. 이처럼 청중의 경험에 빗대어 설명하면, 어려운 내용도 쉽게 전달할 수 있습니다.

다윗은 하느님의 자비와 인자하심을 이렇게 묘사했습니다.

"여호와는 나의 목자시니 내게 부족함이 없으리로다. 그가 나를 푸른 풀밭에 누이시며 잔잔한 물가로 인도하시는도다."

메마른 땅에서 살아가는 유목민들에게는 푸른 목초지와 잔잔한 물가가 가장 간절한 소원이었습니다. 다윗은 그들이 쉽게 떠올릴 수 있는 이 장면을 통해, 하느님이 자신을 돌보는 목자라는 사실을 명확하게 전달했던 것입니다.

이 원칙을 이용한 놀랍고 흥미로운 예가 있습니다.

선교사들이 아프리카 부족의 언어로 성경을 번역하고 있었습니다. 그들은 "너희 죄가 진홍색처럼 붉더라도 눈처럼 하얗게 되리라."는 구절에서 어려움에 부딪혔죠. 그 부족에게는 '눈(雪)'이라는 단어조차 없었기 때문입니다. 그들은 눈과 석탄의 차이도 몰랐을 겁니다.

하지만 그들은 매일 코코넛 야자나무에 올라 야자 열매를 따먹으며 살았습니다. 그래서 선교사들은 이 구절을 "너희 죄가 진홍색처럼 붉더라도 야자 열매 속처럼 하얗게 되리라."라고 번역

했죠.

이런 상황에서 이보다 더 적절한 표현은 찾기 힘들 것입니다.

미주리 주립 교육대학에서 알래스카에 대해 강연하는 사람의 이야기를 들은 적이 있습니다. 안타깝게도 그의 연설은 명확하지 않았고 재미도 없었죠. 아프리카 선교사들과 달리, 그는 청중이 이미 알고 있는 사실에 비유하여 설명하지 못했습니다.

예를 들어, 그는 알래스카의 면적이 59만 840제곱마일이고, 인구는 6만 4,356명이라고 말했습니다. 하지만 보통 사람들에게 이런 숫자들은 막연하고 어렵게 느껴집니다. '제곱마일'이라는 단위도 익숙하지 않아 머릿속에 그림이 잘 그려지지 않죠.

하지만 만약 연설자가 이렇게 이야기했다고 상상해 보세요.

"알래스카 해안선의 길이는 지구 한 바퀴보다 더 길고, 면적은 미국의 여러 주를 모두 합친 것보다 더 넓습니다."

이렇게 설명하면 청중은 알래스카의 크기가 얼마나 거대한지 쉽게 이해할 수 있을 겁니다.

그는 알래스카의 인구가 6만 4,356명이라고 말했습니다. 이 숫자를 1분이라도 기억할 수 있는 사람은 거의 없을 겁니다. '육만 사천삼백오십육'이라는 숫자는 듣는 사람에게 뚜렷한 인상을 남기지 못하고, 해변의 모래 위에 쓴 글씨처럼 금세 지워지기 때문입니다. 청중의 관심이 다른 곳으로 옮겨가면 그 정보는 잊혀지죠.

따라서 청중에게 익숙한 것에 비유해 숫자를 설명했다면 훨씬 좋았을 겁니다.

다음 A와 B중 어느 쪽이 더 분명하게 다가오는지 살펴보세요.

A. 지구에서 가장 가까운 우주의 별은 35조 킬로미터 떨어져 있습니다.

B. 서울에서 부산까지 KTX를 타고 가면 2시간 30분이 걸리죠? 만약 KTX가 우주로 간다면, 지구에서 가장 가까운 별까지 가는데 6,600만 년이 걸립니다.

A. 세계에서 가장 큰 교회인 성 베드로 성당은 길이가 212미터이고 너비는 110미터입니다.

B. 성 베드로 성당은 미국의 국회의사당 건물 두 개를 합쳐 놓은 것과 크기가 같습니다.

두 경우 모두 B 문장이 더 잘 이해될 것입니다. 그러니 여러분도 앞으로 이 방법을 계속 활용하세요.

만약 거대한 피라미드를 설명해야 한다면, 그 높이가 136미터라고 말한 뒤, 여러분이 자주 가는 건물인 63빌딩이나 남산타워와 비교해 그 높이를 설명하세요. 기단의 넓이는 "축구장 몇 개를 합친 넓이"라고 말하는 거죠.

어떤 액체의 양을 말할 때도, 수천 리터나 수백 톤 같은 단위를 쓰는 대신, "올림픽 수영장 몇 개를 채울 만큼의 양"이라고 말해 보세요. "6미터 높다"고 말하는 대신, "이 교실 천장의 두 배 높이"라고 표현하는 건 어떨까요? 거리를 말할 때도 킬로미터 대신 "여기에서 학교 정문까지, 또는 집에서 편의점까지의 거리"라고 표현하는 것이 훨씬 명확할 겁니다.

최대한 쉬운 말로 설명하자

만약 여러분이 어려운 내용을 설명할 때에는 두 배로 더 신경 써서 쉬운 말로 설명해야 합니다. 필요하다면 더 자세히 설명해 줘야 하겠지요. 제가 이렇게 강조하는 이유는, 많은 사람이 이 부분에서 실패하는 것을 보았기 때문입니다. 그들은 자신이 전문가이므로 일반 대중도 자신의 말을 쉽게 이해할 것이라고 생각합니다. 그래서 전문 용어와 그들만의 표현을 마구 사용하죠. 하지만 그 결과는 어떨까요? 그들의 말은 마치 뿌연 흙탕물처럼 이해하기 어렵게 됩니다.

그렇다면 어떻게 해야 할까요? 어려운 내용을 설명할 때는 상대방의 눈높이에 맞춰 쉽고 명확하게 전달하기 위해 노력해야 합

199

니다. 마치 친구에게 복잡한 게임 규칙을 설명해 주듯, 친절하고 간단한 언어를 사용해야 합니다.

인디애나주의 전 상원의원인 베버리지의 충고를 잘 읽고 기억해야 합니다.

"청중 중에서 가장 이해하기 어려워할 것 같은 사람 한 명을 골라, 그 사람이 당신의 말에 흥미를 갖게 해 보세요. 이것은 명확한 사실과 논리적인 설명으로만 가능합니다. 이보다 훨씬 좋은 방법은 부모와 함께 있는 아이들을 연설의 중심 대상으로 삼는 겁니다. 스스로에게 이렇게 말해 보세요. '나는 아이들도 이해하고 기억할 수 있을 정도로 알아듣기 쉽게 설명하겠다.'라고."

제가 이 강의의 수강생이던 한 의사의 연설을 들었던 적이 있습니다. 그는 연설 중에 "횡격막 호흡은 장의 연동 운동에 유익하며 건강에 도움이 됩니다."라고 말한 뒤 다음 주제로 넘어가려 했습니다.

그래서 저는 연설을 멈추게 하고, 청중들에게 횡격막 호흡이 무엇인지, 왜 건강에 좋은지 아는 사람이 있는지 손을 들어 보게 했습니다. 사람들이 잘 모르고 있다는 사실을 알게 된 의사는 깜짝 놀라며 다시 원점으로 돌아가 다음과 같이 설명했습니다.

"횡격막은 가슴 아래쪽에 있는 얇은 근육으로 폐와 배를 나누는 역할을 합니다. 우리가 보통 가슴으로 숨을 쉴 때는 횡격막이 그릇을 엎어 놓은 모양처럼 구부러져 있습니다. 하지만 배로 깊게 숨을 쉬면 이 근육이 아래로 밀려 내려가 거의 평평해집니다. 이때 횡격막의 압력은 위, 간, 췌장 등 배 안에 있는 장기들을 마사지하고 자극합니다. 숨을 내쉴 때는 장기들이 다시 위로 올라가며 또 한 번 마사지를 받게 되죠. 이런 마사지는 배설 작용을 활발하게 해 줍니다. 대부분의 건강 문제는 내장에서 시작됩니다. 위와 장이 횡격막 호흡을 통해 적절한 자극을 받는다면, 소화불량, 변비와 같은 문제는 사라질 것입니다."

링컨이 명확한 연설을 할 수 있었던 비결

링컨은 다른 사람들이 쉽고 명쾌하게 이해할 수 있는 표현을 좋아했습니다. 그가 의회에 처음으로 보낸 메시지에서 '사탕발림'이라는 표현을 썼을 때, 친구가 정부 문서에 쓰기에는 격이 떨어진다고 지적했죠. 그러자 링컨은 "사람들이 이 말을 이해하지 못하는 때가 오면 바꾸겠지만, 그게 아니면 그냥 두겠네."라고 대답했습니다.

그는 왜 이렇게 쉬운 언어를 고집했을까요? 링컨은 녹스 대학교 학장에게 자신이 평이한 언어에 대한 '열정'을 갖게 된 이유를 이렇게 설명했습니다.

"아주 어렸을 때부터 누군가 알아듣기 힘들게 말을 하면 짜증을 냈습니다. 어른들이 한 말이 무슨 뜻이었는지 알아내려고 밤새 고민한 적도 있습니다. 일단 궁금증이 생기면 그것이 풀릴 때까지 잠을 이룰 수가 없었어요. 그리고 고민하던 문제가 해결되면, 제가 아는 사람이라도 이해할 수 있을 정도로 쉽고 명확하게 표현하지 않으면 만족하지 않았습니다. 그것은 제게 있어 일종의 열정이었고, 그 열정은 지금까지 식은 적이 없습니다."

링컨이 다녔던 학교의 교장이었던 멘토 그레이엄은 "링컨은 생각을 표현하는 세 가지 방법 중 어느 것이 가장 좋을지에 대해 몇 시간을 고민했다."라고 증언했습니다.

사람들이 명확하게 표현하지 못하는 가장 흔한 이유는, 말하고자 하는 내용이 그들 자신에게조차 분명하지 않기 때문입니다. 머릿속이 흐릿하고 모호한 생각들로 뒤섞여 있기 때문이죠. 링컨이 그랬듯이, 여러분도 모든 애매함과 모호함을 없앨 각오를 해야 합니다.

시각에 호소하자

4장에서 이야기했듯이, 눈에서 뇌로 연결된 신경망은 귀로 연결된 것보다 훨씬 넓습니다. 과학자들의 연구에 따르면, 우리는

10대를 위한 데일 카네기 성공대화론

귀로 듣는 것보다 눈으로 보는 것에 25배나 더 주의를 기울인다고 합니다. '백 번 듣는 것이 한 번 보는 것만 못하다.'라는 옛말도 있잖아요? 그러니 명확한 의미 전달을 위해 여러분의 생각을 시각화하세요. 연설의 요점들을 머릿속에 그림처럼 그려 보면서 말하는 겁니다.

미국의 전자 통신 기업인 내셔널 캐시 레지스터 사의 사장이었던 존 H. 패터슨은 직원과 영업 사원들에게 말할 때 사용했던 특별한 방법을 잡지 「시스템」에 실었습니다.

"청중의 이해와 관심을 사로잡으려면 말에만 의존해서는 안 됩니다. 저는 극적인 보완 자료가 꼭 필요하다고 생각합니다.

가능하면 옳은 방법과 그른 방법을 보여 주는 그림으로 연설을 보완하세요. 그냥 말로만 하는 것보다 도표를 보여 주는 것이 더 설득력 있고, 도표보다는 그림이 훨씬 효과적입니다.

가장 이상적인 방법은 그림으로 연설의 각 부분을 표현하고, 말은 그 그림들을 연결하는 용도로만 사용하는 것입니다. 저는 예전부터 사람을 상대할 때는 어떤 말보다도 그림이 효과적이라는 사실을 깨달았습니다."

물론, 그림이나 시각 자료가 모든 주제나 상황에 적합한 것은 아닙니다. 하지만 가능하다면 그것들을 활용하세요. 시각 자료는 청중의 주의를 끌고 관심을 자극하며, 말의 의미를 두 배나 더 명쾌하게 전달해 주기 때문입니다.

핵심 메세지는 반복하자

나폴레옹은 "반복이야말로 유일하게 진실한 수사학의 원칙."이라고 말했습니다. 그는 자신이 어떤 생각을 명확하게 이해했다고 해서 그것이 항상 남에게도 이해되는 것은 아니라는 사실을 알고 있었습니다. 사람들은 새로운 생각을 이해하는 데 시간이 필요하고, 그 생각에 계속해서 집중해야 합니다. 즉, 그 생각은 반복되어야 한다는 뜻이죠.

하지만 이때 정확히 똑같은 말을 계속 사용하면 안 됩니다. 사람들은 똑같은 말을 반복해서 들으면 반발하게 됩니다. 그러나 같은 내용을 새로운 단어와 다양한 표현으로 바꿔서 반복하면, 청중은 그것을 똑같은 말의 되풀이라고 생각하지 않을 것입니다.

예를 들어 볼까요.

"자신이 이해하지 못하는 주제라면 남들도 이해시킬 수 없습니다. 어떤 주제가 내 머릿속에 또렷하게 자리 잡을수록, 남들의 머릿속에도 그것을 더욱 명확하게 제시할 수 있습니다."

위의 두 번째 문장은 첫 번째 문장의 생각을 반복한 것입니다. 하지만 이 문장들을 듣는 사람은 그것이 반복된다고 느끼지 않고, 오

10대를 위한 데일 카네기 성공대화론

히려 연설자가 말하는 내용의 의미가 더 명확해졌음을 느낍니다.

저는 강의를 하면서 이 '바꿔 말하기'의 법칙을 따르지 않아 의미가 애매하고 인상적이지 못한 연설들을 많이 접합니다. 안타깝게도 초보자들은 이 법칙의 중요성을 잘 모르는 것 같습니다.

일반적인 예와 구체적인 예

자신의 주장을 명확하게 전달하는 쉽고 확실한 방법 중 하나는 일반적인 예시와 구체적인 예시를 함께 사용하는 겁니다. 이 둘의 차이점은 무엇일까요? 말 그대로 하나는 넓고 두루뭉술하며, 다른 하나는 아주 자세하고 분명하다는 것입니다.

예를 들어, "전문직 종사자들 중에는 엄청난 소득을 올리는 사람들이 있습니다."라고 말해 봅시다. 이 문장은 명확한가요? 화자가 무슨 말을 하려는 건지 정확히 알기 어렵습니다. 듣는 사람마다 다른 생각을 떠올릴 수 있기 때문입니다. 시골에 사는 의사가 이 말을 들으면, 연봉 5천만 원을 버는 동네 의사를 상상할 겁니다. 성공한 사업가가 이 말을 들으면, 연봉 10억 원을 버는 동종 업계의 전문가를 떠올릴 수 있습니다.

이처럼 추상적인 말은 듣는 사람에 따라 제각각으로 해석될 수 있어, 더 구체적인 설명으로 단단하게 만들어야 합니다. 화자가

205

말하는 전문직이 무엇인지, 그리고 '엄청난 소득'이 어느 정도인지 알려 줄 몇 가지 세부적인 정보가 필요한 것이죠.

"변호사, 권투선수, 작곡가, 소설가, 화가, 배우, 가수들 중에는 대통령보다 많은 돈을 버는 사람들이 있습니다."

이 정도면 이전보다는 훨씬 분명해졌지만, 아직도 구체적이라고는 할 수 없습니다. '가수'라고만 말했을 뿐, 구체적으로 누구인지는 언급하지 않았기 때문입니다. 그래서 듣는 사람은 특정한 인물을 떠올리기 어렵습니다. 이것은 연설가가 청중을 위해 해야 할 일입니다. 다음처럼 구체적인 사례를 제시하면 진술은 훨씬 명확해질 것입니다.

"유명한 법정 변호사 새뮤얼 언터미아어나 맥스 스튜어 같은 사람들은 1년에 100만 달러의 수입을 올립니다. 권투선수 잭 뎀프시는 연소득이 50만 달러에 이르죠. 교육을 받지 못한 젊은 흑인 권투선수 조 루이스는 20대에 이미 50만 달러 이상을 벌었습니다. 작곡가 어빙 베를린의 음악은 그에게 매년 50만 달러를 안겨 주었고, 희곡가 시드니 킹슬리는 작품 인세로 1주일에 10만 달러를 벌었죠. 화가 디에고 리베라는 그림을 그려 1년에 50만 달러 이상을 벌어들였습니다. 가수 캐서린 코넬은 1주일에 5,000달러나 되는 영화 출연 제의를 거절하기도 했고요."

이 정도가 되면 청중은 화자가 무슨 말을 하려는지 매우 분명히

10대를 위한 데일 카네기 성공대화론

이해할 수 있습니다. 명확하게 말하고, 구체적인 예를 들어 주세요. 명확한 말은 이해를 돕는 것 외에도 감동과 확신, 그리고 관심을 불러일으키는 데 기여합니다.

하나의 발표에는 하나의 주제만

하나의 발표에서는 하나의 주제만 다루는 것이 좋습니다. 여기서 말하는 발표는 한 시간짜리를 말합니다. 제가 최근에 본 한 연설가는 3분이라는 짧은 시간 동안 11가지의 이야기를 하겠다고 말하며 연설을 시작했습니다. 이 연설은 한 가지 주제에 겨우 16초밖에 할애하지 못하는 셈이었죠. 이런 시도는 시작조차 하지 않는 편이 낫습니다.

물론 이것은 극단적인 예시지만, 대부분의 초보 연설가들은 이런 실수를 저지르기 쉽습니다. 마치 하루 만에 파리의 모든 명소를 다 보여 주겠다는 관광 가이드와 같죠. 그런 연설을 들으면 어느 하나도 제대로 이해하기 어렵고, 결국 흥미를 잃어버리게 됩니다. 많은 연설이 실패하는 이유는 정해진 시간 안에 너무 많은 것을 말하려 하기 때문입니다.

이 강좌에서 하는 연설은 시간이 짧을 수밖에 없습니다. 따라서 전달할 내용을 상황에 맞게 잘 조절해야 합니다. 예를 들어, '노동조합'에 대해 연설한다면 3~6분 안에 노동조합의 탄생 이유, 활동 방식, 업적, 문제점, 해결 방안 등 모든 것을 다 말하려 하지 마세요. 그런 시도는 혼란스럽고 모호하게 들릴 뿐입니다.

이럴 때는 노동조합의 한 가지 문제만 선택해서 충분히 다루고 설명하는 편이 훨씬 현명합니다. 이런 연설은 청중에게 한 가지 인상을 분명하게 남기기 때문에 알아듣기 쉽고 기억하기도 좋답니다.

10대를 위한 데일 카네기 성공대화론

의미를 명확하게 전달하라

- 연설에는 4가지 목표가 있습니다. 이해시키기, 감동 주기, 행동 유도하기, 즐거움 주기.
- 청중을 정확히 파악해야 합니다. 청중의 수준과 배경을 모르고 연설하면 실패할 수 있습니다.
- 어려운 내용은 '비유'를 활용해 쉽게 설명하세요. 익숙한 것에 빗대어 설명하면 청중이 훨씬 잘 이해하고 기억합니다.
- 전문 용어는 피하고 구체적으로 말하세요. 어려운 말 대신, 청중의 머릿속에 그림을 그려 줄 수 있는 쉬운 언어를 사용하세요.
- 하나의 주제에 집중하세요. 짧은 연설에서 여러 주제를 다루려다 모든 내용을 놓칠 수 있습니다.

| 실전 팁 |

1. '청중 맞춤형' 연설을 준비하세요. 연설 시작 전, 청중이 누구인지, 무엇에 관심이 있는지 먼저 생각하세요.

2. '비유 찾기' 연습을 하세요. 어려운 개념이 있다면, 일상생활 속에서 비슷한 상황을 찾아 비유로 설명하는 연습을 해 보세요.

3. '쉬운 말 사전'을 만드세요. 여러분의 전문 분야 용어를 일반인도 이해할 수 있는 쉬운 말로 바꾸는 연습을 해 보세요.

4. '한 주제'만 파고드세요. 발표 주제를 정하고, 그 주제의 한 가지 측면에만 집중해서 깊이 있는 내용을 준비하세요.

5. '시각 자료'를 활용하세요. 도표나 그림 등을 이용해 말하고자 하는 내용을 더 명확하게 보여 주세요.

인상적으로
설득하라

사람은 이성이 아니라 암시를 따른다

노스웨스턴 대학교 총장이었던 월터 딜 스코트는 아주 중요한 심리학적 발견을 했습니다.

"사람의 마음에 들어오는 모든 생각이나 결론은, 그와 반대되는 생각과 충돌하지 않는 한 진실한 것으로 받아들여집니다. 만일 누군가에게 어떤 생각을 심어 주고자 할 때, 그와 반대되는 생각이 떠오르지 않게 할 수 있다면, 그에게 그 생각의 진실성을 굳이 증명하지 않아도 됩니다. 예를 들어, 제가 여러분에게 '국산 타이어는 좋다.'라는 문장을 읽게 했을 때, 여러분의 마음에 반대되는 생각이 떠오르지 않는다면, 여러분은 아무 증거 없이도 그 말을 믿게 될 겁니다."

스코트 박사가 말하는 것은 바로 '암시'입니다. 이것은 사람들 앞에서 이야기할 때 사용할 수 있는 가장 강력한 힘 중 하나입니다.

철학자 아리스토텔레스는 인간을 '논리가 명령하는 대로 행동하는 이성적인 동물'이라고 했습니다. 하지만 이 말은 현실과 거리가 멀죠. 오직 순수한 이성만 따라 행동하는 것은 아침 식사 앞에서 낭만적인 생각을 하는 것만큼이나 어려운 일입니다. 우리 행동의 대부분은 '암시'의 결과로 일어납니다.

암시는 증거를 제시하지 않고도 마음이 어떤 생각을 받아들이게 만듭니다. 제가 여러분에게 "이 빵은 정말 순수합니다."라고 말하고 그것을 증명하려 하지 않는다면, 이것이 바로 암시의 방법이죠. 만약 제가 그 빵의 성분을 분석하고 유명 요리사들의 증언을 제시했다면, 그것은 제 주장을 증명하려는 행위입니다.

사람의 마음을 움직이는 데 성공하는 사람들은 논쟁보다 암시에 더 많이 의존합니다. 현대의 판매 기법이나 광고는 대부분 암시에 기반을 두고 있습니다.

어떤 것을 믿기는 쉬워도 의심하기는 어렵습니다. 무엇인가를 의심하고 지적으로 질문하려면 경험, 지식, 생각하는 과정이 필요하기 때문입니다. 예를 들어, 아이에게 산타클로스가 굴뚝을 타고 온다고 말하면, 아이는 그것을 의심할 만한 지식이 생기기 전까지는 그 말을 진실로 받아들입니다.

인도 국민 수백만 명이 갠지스 강물이 신성하다고 믿고, 소를 죽이는 것을 사람을 죽이는 것만큼 나쁘다고 생각하는 이유도 마찬가지입니다. 그들에게 있어 소고기를 먹는 것은 식인 행위나 다름없죠. 그들이 이런 믿음을 가지게 된 것은 증거 때문이 아니라, 암시에 의해 뇌리에 깊이 새겨졌기 때문입니다.

우리는 그들을 보며 "어리석다."고 비웃을 수 있습니다. 하지만 우리 삶에서 대부분의 의견, 믿음, 행동 원칙이 이성적인 사고보다는 암시의 결과라는 사실을 깊이 들여다보면 알 수 있을 것입니다.

암시의 영향력, 일상에서 찾아보기

우리가 매일 얼마나 암시의 영향을 받는지 한번 살펴봅시다.

여러분이 친구와 함께 햄버거를 먹으러 갔는데, 최근 다이어트를 시작해서 햄버거를 먹지 않으려고 한다고 가정해 봅시다.

만약 친구가 "너 햄버거 먹을래?"라고 물으면, 여러분은 '먹을까 말까' 고민하게 됩니다.

하지만 친구가 "너 다이어트 중이니까 햄버거 안 먹을 거지?"라고 부정적으로 물으면, 여러분은 "응, 안 먹을 거야."라고 쉽게 대답할 수 있습니다. 이미 친구가 심어 준 부정적인 생각을 따라가기만 하면 되니까요.

반대로, 친구가 "햄버거는 세트로 먹을 거야, 아니면 단품으로 먹을 거야?"라고 묻는다면 어떨까요? 친구는 이미 여러분이 햄버거를 먹을 것을 당연하게 여기고, 여러분의 모든 관심은 '어떻게 먹을지'에만 집중하게 됩니다. 그러면 다이어트 중이라는 사실을 잊고 "세트로 먹을게!"라고 말해 버릴지도 모릅니다.

이처럼 사람들은 자신도 모르는 사이에 질문의 방향에 따라 마음이 움직이곤 합니다.

이와 비슷한 수많은 일들이 우리의 일상에서 날마다 일어납니다. 마음에 들어오는 모든 생각은 진실로 여겨지는 경향이 있으며, 심지어 행동으로 이어지기까지 한다는 것은 잘 알려진 심리학적 사실입니다.

예를 들어, 우리가 어떤 단어를 생각하면 그 발음을 위해 사용되는 근육들이 무의식적으로 아주 미세하게 움직입니다. 뭔가를 삼킨다고 상상할 때도 마찬가지죠. 우리가 의식하지 못할 정도로 미세한 움직임이지만, 정밀한 기계는 그런 움직임을 포착할 수 있습니다.

여러분이 마음속으로 생각하는 모든 것을 행동으로 옮기지 않는 유일한 이유는, 또 다른 생각, 즉 그 일의 위험성이나 불합리함, 비용과 같은 것들이 충동을 억제하기 때문입니다.

말하기의 암시 전략

　다른 사람들이 우리의 생각을 받아들이게 하는 가장 좋은 방법은, 그들 마음에 어떤 생각을 심어 준 뒤 그와 모순되는 생각이 떠오르지 않도록 막는 것입니다. 이 일을 능숙하게 해내는 사람이 말을 잘하고, 사업에서도 성공합니다.

　심리학이 이 전략에 도움을 줄 수 있습니다. 어떤 생각에 강한 열정과 진심 어린 감정이 담겨 있다면, 여러분의 마음에 그와 반대되는 다른 생각이 떠오를 가능성은 크게 줄어듭니다. 바로 이것이 열정의 속성입니다. 열정은 사람들의 비판적인 마음을 잠재우고, 모든 부정적이고 적대적인 생각을 사라지게 만듭니다.

　사람들에게 강한 인상을 남기고 싶다면, 그들의 생각을 자극하기보다는 감정을 자극하는 편이 훨씬 효과적이라는 사실을 기억하세요. 차가운 생각보다는 뜨거운 감정의 힘이 더 강력합니다. 진지하고 진심이 느껴져야만 청중의 감정을 흔들 수 있습니다.

　아무리 화려한 말과 많은 예시를 사용하고, 목소리가 좋고 제스처가 세련되어도, 말하고자 하는 내용에 진심이 담겨 있지 않다면 그것은 공허하고 겉만 번지르르한 소리에 불과합니다.

　청중을 감동시키고 싶다면, 먼저 당신이 감동을 받아야 합니다. 청중에게 말하는 것은 당신의 입이 아니라 당신의 눈을 통해 빛나고, 목소리를 통해 전해지며, 태도를 통해 실체를 드러내는 당신의 영혼입니다.

청중이 이미 믿고 있는 것과 연결하기

한 무신론자가 영국의 목사 윌리엄 페일리에게 "신은 없다."라고 주장하며, 자신의 주장을 반박해 보라고 도전했습니다. 페일리는 차분하게 시계를 꺼내 무신론자에게 시계 내부를 보여 주며 말했습니다.

"만약 제가 당신에게 톱니바퀴와 스프링 같은 시계의 부품들이 저절로 생겨나고 조립되어 움직였다고 말한다면, 당신은 제정신이 아니라고 생각하겠죠? 그런데요. 저 하늘의 별들을 보세요. 수많은 별들이 완벽하게 정해진 궤도대로 움직이고 있습니다. 지구와 태양을 도는 행성들, 은하계 전체가 엄청난 속도로 우주를 가로지르면서도 서로 충돌하지 않고 질서 있게 움직이죠. 이 모든 현상이 그저 우연에 불과하다고 믿는 것이 쉽겠습니까, 아니면 누군가 그렇게 만들었다고 믿는 것이 쉽겠습니까?"

정말 인상적인 연설입니다. 이 목사는 어떤 방법을 사용했을까요? 10장에서 이야기했듯이, 그는 먼저 상대방이 동의할 수밖에 없는 객관적인 사실('시계의 부품들이 저절로 조립되지는 않는다')부터 말하며 "네."라는 반응을 이끌어 냈습니다. 그리고 신에 대한 믿음은 시계 제작자의 존재를 믿는 것만큼이나 당연하고 필연적이라는 논리를 펼쳤습니다.

처음부터 페일리 목사가 "신이 없다고? 정말 어리석군. 당신은 지금 자신이 무슨 말을 하는지 모른다고!"라고 반박했다면 무슨 일이 일어났을까요?

분명 소란스럽고 쓸데없는 싸움만 오갔을 겁니다. 그 무신론자는 자신의 신념을 지키겠다는 강한 투지에 휩싸여 마음을 더욱 굳게 닫았을 테니까요.

왜 그럴까요? 로빈슨 교수가 말했듯이, 그것은 '내 의견'이었기 때문입니다. 그 소중한 '나의 자존심'이 위협받는데 어떻게 가만히 있을 수 있겠어요?

인간의 자부심에는 아주 강력한 폭발력이 있습니다. 그 때문에 우리는 이 자부심이 우리를 거스르게 하지 않고, 오히려 우리에게 유리하게 작용하도록 해야 합니다. 그렇다면 어떻게 해야 할까요? 페일리 목사처럼, 우리가 제안하는 것이 상대방이 이미 믿고 있는 것과 비슷하다는 사실을 보여 주면 됩니다. 그러면 상대방은 우리의 제안을 쉽게 받아들일 것이고, 반대되는 생각이 마음속에서 일어나는 것을 막을 수 있습니다.

숫자를 인상적으로 만드는 방법

숫자를 활용하면 청중의 관심과 이해력을 높일 수 있습니다. 하지만 그 자체로 사용하기보다는 실제 사례, 특히 우리의 최근 경험이나 감정적인 체험과 연결되어야 합니다.

런던 의회에서 연설하던 올더맨 람베스는 노동자의 열악한 환경을 설명하기 위해 이 방법을 사용했습니다. 그는 연설 도중에 갑자기 멈춰서 시계를 꺼낸 뒤 아무 말도 하지 않고 1분 12초 동안 청중을 쳐다보기만 했습니다. 청중은 불안하고 어리둥절했죠. 시간이 영원처럼 느껴졌을 겁니다.

1분 12초가 지난 뒤, 그는 다시 말을 시작하며 이렇게 말했습니다.

"여러분은 방금 불안해하며 영원처럼 느꼈던 72초를 보냈습니다. 그 시간은 보통의 노동자가 벽돌 한 장을 쌓는 데 걸리는 시간입니다."

이 방법은 정말 강력했습니다. 청중은 단순히 '벽돌 한 장 쌓는 데 72초가 걸린다'는 사실만 들은 것이 아니라, 그 시간이 얼마나 길고 지루하게 느껴지는지 직접 경험했기 때문이죠. 이 이야기는 전 세계 신문에 실릴 만큼 큰 화제가 되었습니다.

다음 두 진술 중 어느 것이 더 강하게 전달되는지 보세요.

A. 바티칸에 있는 성 베드로 성당에는 15,000개의 방이 있습니다.

B. 바티칸에 있는 성 베드로 성당에는 방이 너무 많아서, 40년 동안 매일 다른 방에서 잠을 자도 못 자는 방이 있을 정도입니다.

다음 중 어느 표현이 영국이 세계대전 중 사용한 엄청난 비용을 더 인상적으로 나타내나요?

A. 영국은 세계대전에 약 70억 파운드(미화 340억 달러)를 사용했습니다.

B. 영국이 세계대전 동안 사용한 돈은 콜럼버스가 아메리카 대륙을 발견한 이후 지금까지, 밤낮을 가리지 않고 1분에 34달러씩 쓴 돈과 같습니다.

두 경우 모두 B번의 예시들은 추상적인 숫자를 구체적인 경험이나 시간과 연결하여 청중의 이해와 감정을 사로잡는 효과적인 방법입니다.

반복과 축적의 힘

반복해서 말하는 것은 상대방의 마음속에 반대되는 생각이 떠오르는 것을 막는 강력한 방법입니다.

유명한 아일랜드 연설가 대니얼 오코넬은 "정치적 진실은 한두 번, 심지어 열 번을 말한다고 해도 대중이 받아들이지 않는다."라고 말했습니다. 청중을 많이 상대해 본 사람인 만큼 그의 말은 진지하게 받아들일 필요가 있죠. 그는 이렇게 덧붙였습니다. "상대방이 정치적 진실을 받아들이게 하려면 끊임없는 반복이 필요합니다. 같은 것을 반복해서 들으면 사람들은 자신도 모르게 그것을 진실로 여기게 됩니다."

우드로 윌슨 역시 오코넬의 말의 의미를 알고 있었습니다. 그는 자신의 연설에 이 방법을 이용했죠. 다음 문장들을 보면, 마지막 두 문장이 첫 문장의 의미를 살짝 다르게 반복한 것에 불과하다는 사실을 알 수 있습니다.

"지난 몇 십 년 동안 대학생들은 제대로 교육을 받지 못했습니다. 그 모든 가르침에도 불구하고, 우리는 아무도 교육시키지 못하고 있는 것입니다. 열심히 뭔가를 가르치기는 하는데 정작 제대로 배운 사람은 하나도 없습니다."

이렇게 같은 말을 표현을 바꿔 말하며 반복하는 방법은 무척 효과적입니다. 하지만, 표현력이 풍부하지 않은 사람이 잘못 사용하면 오히려 독이 될 수 있습니다. 이는 여러분에게 매우 치명적입니다.

만약 여러분이 서툰 방식으로 똑같은 말을 반복한다면, 청중은 금세 지루함을 느낄 겁니다. 여러분의 어설픈 화법을 알아채는 순간 청중은 몸을 비틀거나 시계를 보기 시작할 것입니다.

반복은 중요하지만, 다양하고 풍부한 표현으로 말해야만 그 힘을 제대로 발휘할 수 있습니다.

아서 에드워드 필립스는 그의 책 『효과적인 연설』에서 이렇게 말합니다.

"처음 받은 감동을 강화해 주는 인상들이 계속 이어져야 합니다. 마음은 끊임없이 처음의 그 생각에 집중되어야 하죠. 이렇게 쌓이고 쌓인 경험의 무게가 그 생각을 뇌의 깊숙한 곳으로 밀어 넣을 때까지 이 과정을 멈춰서는 안 됩니다. 이 과정이 완성되면 그 생각은 그의 일부가 되고, 세월이 흘러도, 어떤 일이 있어도 지워지지 않습니다. 이 작업을 가능하게 하는 효과적인 원리는 바로 '축적의 힘'입니다."

일반적인 사례와 구체적인 사례를 함께 제시하면 청중을 지루하게 만들 위험이 거의 없습니다. 특히 청중에게 깊은 감동과 확신을 주기 위한 연설이라면 이 방법은 더욱 효과적입니다.

청중이 여러분처럼 믿게 만들 수 있는 가장 좋은 방법은 구체적인 사례를 제시하는 것입니다. 여러분이 보고 느꼈던 것을 청중에게 보여 주면, 그들은 스스로 같은 결론에 도달할 것입니다. 청중이 스스로 발견하게 되는 결론은 단순히 듣는 것보다 훨씬 강력한 힘을 가지게 되죠.

'권위자'의 말을 인용하자

제가 어릴 적, 중서부에서는 양들이 지나가는 문에 막대기를 걸쳐 놓곤 했습니다. 처음 몇 마리의 양들이 그 막대기를 뛰어넘으면 저는 막대기를 치웠죠. 그런데 그 뒤에 오던 양들은 막대기가 없는데도 마치 있는 것처럼 점프하며 문을 통과했습니다. 유일한 이유는 앞에 가던 양들이 그렇게 했기 때문이었죠.

이처럼 우리는 대부분 남들이 하는 것을 따라 하고, 남들이 믿는 것을 믿으려 하며, 유명인의 말이라면 의심 없이 받아들입니다. 그런 의미에서 권위자의 말을 인용하는 것은 매우 지혜로운 전략입니다. 하지만 효과적으로 사용하려면 네 가지 중요한 점에 유의해야 합니다.

첫째, 인용한 사실은 정확해야 합니다.

'통계 자료에 따르면……'처럼 애매하게 시작하지 마세요. 무슨 통계인지, 누가 조사한 것인지 정확히 밝혀야 합니다. "숫자는 거짓말을 하지 않지만, 거짓말쟁이는 제멋대로 숫자를 주무른다."는 말을 잊지 마세요.

'다수의 권위자들이 말하듯'이라는 표현도 모호합니다. 어떤 권위자인지 이름을 직접 언급해야 합니다. 청중이 그 사람을 모른다면, 왜 그의 말을 믿어야 하는지 설명해 주어야 합니다.

루스벨트는 자신이 인용한 글의 출처까지 정확히 밝혔습니다. "이것은 제62대 국회 3차 회기의 의회의사록 4618쪽에 기록되어 있습니다."와 같이 말이죠. 정확성은 청중의 신뢰를 얻는 가장 중요한 요소입니다.

둘째, 인기 있는 사람의 말을 인용하세요.

사람들은 자신이 좋아하는 사람의 말을 더 쉽게 믿는 경향이 있습니다. 반대로, 싫어하는 사람이 아무리 옳은 말을 해도 의심하죠.

이를테면 학교에서 인기 있는 학생이 어떤 주장을 펼치면 친구들은 쉽게 동의하지만, 평소에 사이가 좋지 않았던 학생이 똑같은 주장을 하면 반대부터 할 가능성이 높습니다.

따라서 연설할 때는 청중이 존경하고 좋아하는 인물의 말을 인용하는 것이 효과적입니다. 게임 동아리 발표에서 게임 개발자의 말을 인용하거나, 봉사 동아리 발표에서 유명한 사회 운동가의 말을 인용하는 것처럼요. 이렇게 하면 청중은 인용구 자체를 신뢰하게 되고, 여러분의 주장에 더 귀 기울일 것입니다.

셋째, 청중과 가까운 사람의 말을 인용하세요.

만약 여러분이 부산에서 연설을 한다면, 부산 출신의 유명한 기업가나 예술가의 말을 인용해 보세요. 청중은 저 멀리 있는 잘 알지도 못하는 사람의 말보다는, 같은 지역 출신 인물의 말에 더 강한 인상을 받습니다. 이렇게 하면 청중과의 공감대를 형성하고 연설의 신뢰도를 높일 수 있습니다.

넷째, 자격 있는 사람의 말을 인용하세요.

권위자의 말을 인용할 때는 다음과 같은 질문을 스스로에게 던져 봐야 합니다. 이 사람이 해당 분야의 전문가로 인정받고 있는가? 혹시 편견을 가지고 있지는 않은가? 이기적인 목적을 위해 말하는 것은 아닌가?

브루클린 상공회의소에서 성공에 대한 연설을 시작한 한 학생은 앤드류 카네기의 말을 인용했습니다. 카네기는 평생 철강 사업에 매달려 성공을 이룬 사람이므로, 그의 말은 기업인들에게 큰 울림을 주었습니다.

"나는 어떤 분야에서든 성공하기 위해서는 그 분야의 전문가가 되어야 한다고 생각한다. 자신의 능력을 여러 곳에 분산시키는 방식은 그다지 믿음이 가지 않는다. 나는 경험을 통해 여러 분야에 발을 내딛는 사람 치고 돈을 버는 데 성공한 사람을 보지 못했다. 특히 제조업 분야에서는 단 한 명도 그런 사람을 본 적이 없다. 성공한 사람들은 한 분야를 선택해 그것에 모든 것을 쏟아붓는 사람들이었다."

이것은 매우 현명한 선택이었죠. 청중인 기업인들은 위대한 철강왕인 카네기를 존경했고, 그의 말에 큰 신뢰를 보냈기 때문입니다. 인용하는 사람이 주제에 대해 얼마나 권위 있는지, 편견을 가지고 있지는 않은지 스스로에게 질문해 보세요.

인상적으로 설득하라

- 사람은 이성보다 '암시'에 더 많이 반응합니다. 논쟁하기보다 감정을 자극하는 것이 더 효과적입니다.
- '진심'이 최고의 무기입니다. 아무리 화려한 말도 진심이 담겨 있지 않으면 공허하게 들립니다.
- 상대방의 자존심을 건드리지 마세요. 상대방과 다른 의견을 가졌다면, 공격하기보다 '공통점'을 먼저 찾으세요.
- '구체적인 숫자'에 힘을 실으세요. 추상적인 숫자는 청중의 경험에 빗대어 설명하면 더 강한 인상을 남깁니다.
- '반복과 축적의 힘'을 활용하세요. 같은 내용을 다양한 표현으로 반복해서 전달하면 청중은 그 내용을 진리로 받아들입니다.

| 실전 팁 |

1. '공통점'부터 찾으세요. 친구와 의견이 다를 때, 다른 점을 주장하기보다 서로 동의하는 부분부터 먼저 이야기하세요.

2. '감정'에 호소하는 연설을 준비하세요. 연설 주제에 대한 여러분의 진심과 열정을 먼저 느끼고, 그 감정을 청중에게 전달하세요.

3. '구체적인 비유'를 사용하세요. '아주 많은 양' 대신 '올림픽 수영장 몇 개를 채울 만큼'처럼, 청중이 머릿속에 그림을 그릴 수 있는 비유를 사용하세요.

4. '권위자의 말'을 인용하세요. 여러분의 주장을 뒷받침할 수 있는 존경받는 인물의 말을 찾아 인용하면, 연설의 설득력이 높아집니다.

청중의 흥미를 돋우는 방법

익숙하고 새로운 이야기

우리는 익숙하고 일상적인 것의 새로운 면을 발견할 때 흥미를 느낍니다.

예를 들어, 여러분이 지금 읽고 있는 이 책의 종이는 일상에서 흔히 볼 수 있는 것입니다. 하지만 제가 이 종이에 대해 특별한 사실을 이야기하면 여러분은 분명히 관심을 가질 겁니다. 여러분이 보고 있는 이 종이는 고체처럼 보이지만, 물리학자들은 이것이 원자로 이루어져 있다는 사실을 압니다. 그리고 이 원자는 양자와 전자로 이루어져 있는데, 양자와 전자 사이의 거리는 상대적으로 지구와 달 사이의 거리만큼이나 멉니다. 이 작은 우주 속의 전자들은 초당 약 1만 6,000km라는 엄청난 속도로 자신의 궤도를 돌고 있죠. 여러분이 이 문장을 읽기 시작한 뒤 이 종이를 이루는 전자들은 이미 서울에서 뉴욕까지의 거리만큼 움직였다고 말할 수 있습니다.

2분 전만 해도 여러분은 이 종이가 움직일 수 없는 평범한 물체라고 생각했을 겁니다. 하지만 이 종이는 대폭풍의 힘을 지닌 진정한 에너지 덩어리입니다. 여러분이 지금 이 종이에 관심을 가진다면, 그것은 종이에 대한 새롭고 특별한 사실을 알게 되었기 때문이죠.

바로 여기에 사람들의 흥미를 돋우는 비결이 있습니다. 완전히 새로운 것은 재미가 없고, 지극히 평범한 것도 마찬가지입니다. 우리가 원하는 것은 익숙하지만 뭔가 새로운 이야기입니다.

좋은 대화 상대가 되는 방법

많은 사람이 대화에 실패하는 이유는 자신이 흥미를 느끼는 것에 대해서만 이야기하기 때문이에요. 정작 상대방은 그 이야기에 미치도록 지루해할지도 모르는데 말이죠. 그러니 방법을 바꿔 보세요. 상대방이 자신의 관심사나 취미, 학교 생활, 좋아하는 게임, 혹은 가족에 대해 이야기하도록 유도해 보세요. 상대방의 말에 진심으로 귀를 기울이면, 여러분은 그에게 좋은 사람으로 기억될 거

227

예요. 결과적으로 여러분은 별로 말을 하지 않았지만, 즐거운 대화 상대라고 여겨질 수 있죠.

필라델피아의 해럴드 드와이트 씨는 최근 대중 연설 강좌의 마지막 수업에서 매우 인상적인 연설을 했습니다. 그는 테이블에 둘러앉아 있는 사람들에게 차례로 돌아가면서 이야기를 했죠.

자신이 처음 이 강의를 들었을 때 어땠는지, 얼마나 실력이 향상되었는지, 다른 학생들이 했던 연설과 토론 주제를 회상하며 몇몇 학생의 말투와 독특한 버릇을 흉내 내 사람들을 즐겁게 했습니다. 이렇게 훌륭한 재료를 가지고 실패할 수 있을까요? 그것은 지극히 이상적인 주제였습니다. 이것만큼 청중의 관심을 사로잡을 만한 다른 주제가 과연 무엇이겠어요? 드와이트는 사람의 마음을 다루는 법을 아는 사람이었습니다.

200만 독자를 끌어모은 아이디어

몇 년 전,「아메리칸 매거진」은 놀랄 만큼 성장하며 출판계를 뒤흔들었습니다. 그 성공의 중심에는 존 M. 시달의 아이디어가 있었죠. 그가 잡지의 편집장이었을 때, 그는 저에게 자신의 생각을 들려주었습니다.

"사람들은 이기적입니다. 자기 자신에게만 관심이 있으니까요.

사람들은 정부의 정책보다는 어떻게 해야 성공하고, 돈을 벌고, 건강해질 수 있는지에 관심이 있습니다. 제가 편집자라면 독자들에게 '치아 관리법', '여름을 시원하게 보내는 법', '일자리를 얻는 법', '직원을 다루는 법', '잘사는 법', '잘 기억하는 법' 등을 알려줄 겁니다."

그는 이렇게 덧붙였습니다.

"사람들은 사람 사는 이야기를 좋아합니다. 그래서 저는 부자에게 어떻게 백만장자가 되었는지 이야기해 달라고 할 생각입니다. 유명한 사업가에게 그들이 어떻게 평범한 시작을 딛고 성공했는지에 대한 이야기를 들을 겁니다."

시달의 이 아이디어는 잡지를 폭발적으로 성장시키는 원동력이 되었습니다. 그리고 얼마 지나지 않아 시달은 편집장이 되었습니다. 당시 잡지는 발행 부수도 적고 거의 실패한 상태였죠. 하지만 그의 아이디어를 적용한 뒤 사람들의 반응은 폭발적이었습니다. 발행 부수는 20만, 30만, 40만, 50만 이상으로 꾸준히 올랐습니다. 곧 한 달에 잡지를 구매하는 사람이 100만, 150만, 200만으로 늘어났죠. 이 성공은 여러 해 동안 지속되었습니다. 독자들의 이기적인 관심에 호소한 시달의 전략이 효과를 거둔 것입니다.

콘웰 박사가 100만 명의 청중을 사로잡은 방법

'다이아몬드의 땅(Acres of Diamonds)'은 미국의 침례교 목사이자 작가였던 러셀 H. 콘웰이 한 유명한 강연입니다. 이 강연은 그가 6,000번 이상 진행하며 수백만 달러를 벌어들였을 정도로 큰 인기를 끌었습니다.

이 강연의 핵심 내용은 '성공을 위한 기회는 멀리 있는 것이 아니라, 바로 당신이 서 있는 그곳에 있다.'는 것입니다.

콘웰 박사는 아프리카의 한 농부 이야기를 들려줍니다. 이 농부는 다이아몬드를 찾아 부자가 되겠다는 꿈을 꾸며 집을 팔고 떠났지만, 결국 아무것도 찾지 못하고 방황하다 죽습니다. 그런데 그 농부가 살던 땅에서는 엄청난 양의 다이아몬드가 발견되었다는 이야기죠. 이 이야기로 그는 사람들이 자신의 주변을 잘 살피고, 주어진 환경 속에서 성공을 찾도록 독려했습니다. 단순히 돈을 버는 방법에 대한 이야기가 아니라, 자신의 잠재력을 발견하고, 주변의 기회를 소중히 여기라는 메시지를 담고 있습니다.

이 강연이 더욱 특별했던 이유는, 콘웰 박사가 연설할 지역의 상황과 청중의 사정에 맞춰 내용을 다듬고 보완했기 때문입니다. 이는 강연을 신선하고 새롭게 만들었으며, 그 지역과 청중을 돋보이게 하는 아주 효과적인 방법이었죠.

콘웰 박사는 이렇게 말했습니다.

"저는 마을이나 도시를 방문하면 미리 가서 우체국장, 이발사, 호텔 지배인, 학교 교장 선생님, 교회 목사님 등을 만납니다. 그리고 공장이나 상점에도 들러 사람들과 이야기하며 그 지역의 역사와 현지 사정을 이해합니다. 그들이 경험한 성공과 실패에 대해 듣고, 연설에서는 그 지역의 상황에 딱 맞는 주제들을 이야기하죠. 그럼에도 '다이아몬드의 땅'의 기본 정신은 절대 달라지지 않았습니다. 그 기본 정신이란, 이 나라의 모든 사람은 자신이 처한 환경에서 자신의 기술과 노력만으로도 지금보다 더 발전할 가능성이 있다는 것입니다."

항상 관심을 끄는 연설 자료

사물이나 개념에 대한 이론적인 이야기는 사람들을 지루하게 만들기 쉽습니다. 하지만 사람에 대한 이야기는 청중의 관심을 사로잡는 가장 좋은 방법입니다.

내일도 학교나 집에서 수많은 이야기가 오고 가겠지만, 그 이야기의 대부분은 무엇일까요? 바로 "어떤 사람이 이런 말을 했다.", "어떤 친구가 저런 일을 했다." 같은 사람들 이야기일 겁니다.

저는 미국과 캐나다 학생들 앞에서 연설할 기회가 많았는데, 그들의 관심을 얻으려면 사람에 대한 이야기를 들려줘야 한다는 사실을 깨달았습니다. 제가 추상적인 개념으로 이야기를 바꾸면, 아이들은 곧 답답해하며 의자에서 몸을 뒤틀곤 했습니다. 사실 이것은 어른들도 별다르지 않습니다.

제가 이전에 파리에서 미국 기업인들에게 '성공하는 법'에 대해 강연해 달라고 요청한 적이 있습니다. 대부분의 사람들은 뻔한 덕목을 강조하며 설교와 훈계조의 강의를 늘어놓았습니다. 청중을 지루하게 만들었죠. (최근에 미국의 유명한 기업인이 라디오에서 똑같은 실수를 하는 것을 들었습니다.)

저는 수업을 멈추고 이렇게 말했습니다.

"우리는 설교를 원하지 않습니다. 이런 것을 좋아하는 사람은 아무도 없으니까요. 여러분의 이야기가 재미없으면 우리는 주의를 기울이지 않는다는 사실을 기억하십시오. 또한 세상에서 가장 재미있는 이야기 중 하나가 바로 '사람 사는 이야기'라는 것도 잊지 마십시오. 그러니 여러분이 아는 두 사람의 이야기를 들려주세요. 한 사람은 왜 성공했고, 다른 한 사람은 왜 실패했는지 말입니다. 우리는 그런 이야기를 즐겁게 듣고 기억하며, 그로부터 교훈을 얻을 수 있습니다. 게다가 이런 이야기는 지루하고 추상적인 설교보다 훨씬 쉽게 전달됩니다."

그 강좌를 듣던 어떤 학생은 스스로나 청중의 흥미를 끌 자신이 없다고 말했습니다. 하지만 그날 밤, '사람 사는 이야기'를 활용하라는 제안에 무엇인가 느낀 것이 있었는지, 그는 자신의 대학 친구 두 명에 대한 이야기를 들려주었습니다.

한 친구는 매우 보수적이어서 셔츠를 살 때마다 언제나 표를 만들어 어느 것이 가장 오래 입을 수 있는지, 가격 대비 효용 가치가 가장 높은 것은 무엇인지 꼼꼼히 기록했다고 합니다. 그는 돈을 아주 중요하게 생각했죠. 하지만 공과 대학을 졸업하고 직장을 구할 때, 그는 자신을 대단한 존재로 생각하며 다른 졸업생처럼 바닥부터 시작하려 하지 않았습니다. 세 번째 동창회가 열릴 때까지도 여전히 셔츠의 세탁 차트를 만들며 좋은 일이 알아서 생기길 기다렸습니다. 그로부터 25년이 지난 지금, 이 친구는 여전히 삶에 불만을 느끼고 별 볼 일 없는 자리에 머물러 있습니다.

그리고 연설자는 이 실패 사례와 완전히 다른 한 친구의 이야기를 들려주었습니다. 그 친구는 모두가 좋아할 만큼 뛰어난 사교가였습니다. 그는 나중에 큰일을 해 보겠다는 꿈을 가졌지만, 일단 작은 제도공으로 시작했죠. 그는 늘 기회를 엿보았습니다. 당시 버펄로에서는 박람회 개최를 위한 계획이 세워지고 있었는데, 그곳에 공학적 재능을 가진 사람이 필요하다는 정보를 접하고 필라델피아에서의 일을 정리하고 버펄로로 옮겼습니다. 호감을 주는 성격 덕분에 그는 버펄로의 유력한 인사와 친구가 되었고, 함께 사업을 시작했습니다. 결국 그들은 큰 성공을 거두었고, 친구는 고액 연봉을 받으며 전화 회사의 간부로 스카우트되었습니다. 지금 그는 수백만 달러의 재산가이자 웨스턴 유니언의 주요 주주 중 한 사람입니다.

이 이야기는 평소 겨우 3분의 연설 준비도 힘들어하던 학생이 발표한 내용입니다. 그는 놀랍고 인간적인 세부 내용을 덧붙여 이야기를 더욱 흥미롭게 만들었습니다. 발표를 마친 뒤 그는 자신이 30분이나 혼자 강단을 장악했다는 사실에 놀라워했습니다. 그 이야기가 너무 재미있어서 청중은 연설이 짧다고 느꼈죠. 이 연설은 그 학생이 거둔 최초의 진정한 승리였습니다.

이 사례를 통해 우리는 중요한 교훈을 얻을 수 있습니다. 평범한 연설도 인간미 넘치는 사연이 가득하다면 훨씬 설득력 있게 다가올 수 있습니다. 연설가는 몇 가지 요점을 말하고, 거기에 구체적인 사례를 덧붙이는 방식을 사용해야 청중의 관심을 효과적으로 유지할 수 있습니다.

구체적이어야 한다

저는 대중 연설 강좌에서 철학 박사 교수님과 30년 전 영국 해군에서 복무했던 이삿짐센터 사장님을 만난 적이 있습니다. 이상하게 들릴 수 있겠지만, 강좌 내내 이삿짐센터 사장님의 연설이 철학 교수님의 연설보다 더 인기가 있었습니다. 왜 그랬을까요?

대학 교수님은 아름다운 언어와 표현을 구사했고, 태도도 교양 있고 세련되었으며 논리 정연했습니다. 하지만 그의 이야기에는 '구체성'이 부족했습니다. 너무 애매하고 일반적인 이야기만 했죠. 반면, 이삿짐센터 사장님은 말을 시작하면 곧바로 자신의 경험을 담은 구체적인 이야기로 들어갔습니다. 이런 특징에 그의 활달하고 신선한 표현이 더해지자 이야기는 무척 재미있어졌습니다.

이 사례가 모든 교수님이나 이삿짐센터 사장님의 전형적인 예시라는 뜻은 아닙니다. 이 이야기를 통해 제가 말하고 싶은 것은, 교육 수준과 상관없이 자신의 말에 구체성과 명확성을 더한 사람이 청중의 흥미를 더 잘 유발한다는 사실입니다.

이 원칙은 정말 중요합니다. 몇 가지 예시를 통해 여러분의 기억에 확실히 새겨 드릴게요. 이 내용을 절대 소홀히 하지 마세요.

예를 들어, 마르틴 루터가 소년 시절에 "고집이 세고 완고했다."고 말하는 것과, "선생님에게 오전에만 열다섯 번 회초리를 맞은 적도 있었다."라고 고백했다는 이야기 중 어느 것이 더 재미있나요? 전자의 말은 사람들의 관심을 끌기 어렵습니다. 하지만 후자는 듣는 사람에게 더 큰 흥미와 충격을 주죠.

옛날에는 위인들의 전기를 쓸 때, "존 도우는 가난하지만 정직한 부모 밑에서 태어났다"처럼 일반적인 사례만 다루곤 했습니다. 하지만 요즘은 구체적인 사실을 통해 이야기를 전달합니다. 예를 들어, "존 도우의 아버지는 덧신 한 짝을 사서 신을 형편도 안 되어, 눈이 올 때 발을 보호하기 위해 굵은 삼베 자루로 신발을 싸매야 했다. 하지만 가난했음에도 절대 우유에 물을 타지 않았고, 천식이 있는 말을 건강한 말이라고 속여 팔지도 않았다."라고 말하는 식이죠.

어떤가요? 뒤에 나온 이야기가 '가난하지만 정직했다'는 사실을 훨씬 실감 나고 흥미롭게 전달하지 않나요?

시각적인 언어를 사용하자

관심을 끄는 데 매우 중요하지만, 종종 무시되는 기술이 하나 있습니다. 바로 마음속에 그림을 그려 내는 언어입니다. 듣기 좋게 말하는 사람은 청중의 눈앞에 이미지가 떠다니게 하는 사람이죠. 반대로, 모호하고 진부한 표현만 쓰는 사람은 청중을 지루하게 만듭니다.

청중의 머릿속에 그림이 그려지게 하세요. 시각적인 언어로 연설이나 대화를 시작하면 청중은 더 즐거워할 것이고, 여러분은 더 강력한 힘으로 그들을 사로잡을 수 있습니다.

허버트 스펜서는 19세기 영국을 대표하는 철학자이자 사회학자로, '적자생존(Survival of the fittest)'이라는 용어를 만든 것으로 유명합니다.

그는 그의 에세이에서 그림이 그려지게 하는 언어의 중요성을 이렇게 강조했습니다.

"우리는 일반적으로 추상적으로 생각하기보다 구체적으로 생각합니다. 따라서 다음과 같은 문장은 피해야 합니다.

'한 민족의 풍속과 관습, 오락이 잔인하고 야만적인 정도에 비례해 그들의 형법 규정의 엄격함이 결정될 것이다.'

이런 문장은 다음과 같이 바꿔야 합니다.

'싸움, 투우, 검투사의 혈투를 즐기는 것만큼 사람들은 교수형, 화형, 고문에 의한 처벌을 받을 것이다.'

이처럼 구체적인 이미지를 사용하면 내용이 훨씬 명확하고 강력하게 전달됩니다."

혹시 수 세대를 거쳐 전해진 속담들이 모두 그림처럼 생생하다는 사실에 주목해 본 적이 있나요?

"등잔 밑이 어둡다."

"바늘도둑이 소도둑 된다."

"낮말을 새가 듣고 밤말은 쥐가 듣는다."

"낫 놓고 기역자도 모른다."

“자라 보고 놀란 가슴 솥뚜껑 보고 놀란다.”

수백 년 동안 너무 많이 사용되어 익숙하게 느껴지는 비유들도 그림 같은 요소를 지니고 있습니다. 예를 들어, ‘여우처럼 교활한’, ‘문에 박힌 못처럼 꼼짝 못하는’, ‘팬케이크처럼 납작한’, ‘바위처럼 단단한’ 같은 표현들이 그렇죠.

링컨은 항상 이런 시각적인 표현을 사용했습니다. 그는 복잡하고 긴 보고서를 들고 온 부하들을 꾸짖을 때도 잊을 수 없는 그림 같은 표현을 썼죠.

“내가 다른 사람에게 말을 사 오라고 할 때는 그 말의 꼬리에 털이 몇 개나 붙어 있는지가 궁금해서가 아니오. 내가 알고 싶은 것은 말의 중요한 특징들이오.”

부하들은 평생 머릿속에서 잊어버릴 수 없었을 것입니다.

청중의 흥미를 돋우는 방법

- 사람들은 '일상적이지만 새로운' 이야기에 흥미를 느낍니다.

- 이야기의 주인공은 청중 자신입니다. 청중의 관심사에 맞춰 이야기를 풀어 가세요.

- 추상적인 말 대신 '구체적이고 시각적인' 언어를 사용하세요. 청중의 머릿속에 그림을 그려 주어야 합니다.

- 사람에 대한 이야기는 실패하지 않습니다. 이론적인 설명보다 사람의 경험과 사연이 더 강력한 힘을 가집니다.

| 실전 팁 |

1. '익숙한 소재'를 새롭게 보세요. 평범한 물건이나 일상적인 경험을 새로운 시각으로 관찰하고, 그 안에 숨겨진 흥미로운 사실을 찾아보세요.

2. '대화 상대'에 맞춰 이야기하세요. 대화할 때 상대방의 관심사에 귀 기울이고, 그가 좋아하는 주제로 이야기를 이끌어 나가세요.

3. '구체적인 에피소드'를 준비하세요. 발표할 내용이 있다면, 그와 관련된 구체적인 사례를 두세 개 정도 준비해 보세요.

4. '그림을 그리는' 말을 연습하세요. '매우 많다'는 표현 대신 '코끼리 2천만 마리 무게'처럼, 청중이 쉽게 상상할 수 있는 비유를 사용하세요.

행동을
이끌어 내는 방법

먼저 청중의 주목을 받자

만약 지금 여러분이 능력을 두세 배로 키울 수 있다면, 어떤 능력을 선택하시겠어요? 아마도 다른 사람들의 마음을 움직여 그들의 행동을 이끌어 내는 능력을 선택하지 않을까요? 이 능력은 여러분의 힘, 기쁨, 이익을 더 크게 만들어 줄 겁니다.

이런 중요한 능력을 언제까지 운에만 맡겨 둘 건가요? 본능이나 어설픈 임기응변에만 의존하다가 일을 망치면 안 되겠죠. 이런 능력을 키울 수 있는 합리적인 방법이 있을까요?

물론 있습니다. 지금부터 그 방법을 알려 드릴게요. 이 방법은 상식과 인간의 본성에 근거를 두고 있으며, 저와 수많은 사람이 효과를 입증한 방법입니다.

이 방법의 첫 번째 단계는 사람들의 관심을 받는 것입니다. 사람들의 관심을 얻지 못하면 그들은 여러분의 말을 들으려 하지 않겠죠. 이 부분에 대해서는 9장과 14장에서 이미 자세히 이야기했으니, 다시 한번 복습해 보는 것이 좋습니다.

두 번째 단계는 청중의 신뢰를 얻는 것입니다. 연설가가 신뢰를 얻지 못하면, 청중은 그의 말을 믿지 않을 겁니다. 많은 연설가와 기업, 직원이 실패하는 이유가 바로 이 단계에서 신뢰를 얻지 못했기 때문이죠.

신뢰받을 자격을 갖추자

신뢰를 얻는 가장 좋은 방법은 그럴 만한 자격을 갖추는 것입니다. 유명한 금융가였던 J. P. 모건은 "신뢰를 얻는 데 가장 중요한 것은 인격."이라고 말했습니다. 인격은 청중의 신임을 얻는 데 반드시 필요하죠.

저는 말을 유창하게 하고 재치가 넘치는 연설자가, 그보다 덜 똑똑하지만 더 진실한 연설자만큼 설득력을 발휘하지 못하는 경우를 많이 보았습니다.

제가 최근 주최한 강좌에 참여했던 한 학생은 외모가 뛰어나고 말도 잘해서 사람들의 감탄을 자아냈습니다. 하지만 그가 말을 마쳤을 때, 사람들은 그를 '똑똑한 사람' 정도로만 생각했습니다. 그의 연설은 사람들에게 표면적인 인상만 남겼을 뿐, 마음을 움직이지는 못했죠.

반면, 같은 강좌에 참여했던 한 보험사 직원은 작은 체구에 말도 더듬고 언어 또한 세련되지 않았습니다. 하지만 그의 마음에서 우러나오는 성실성과 목소리에서 나오는 진심은 사람들에게 깊은 신뢰를 주었습니다.

영국의 사상가 토머스 칼라일은 『영웅과 영웅 숭배』라는 책에서 이렇게 말했습니다.

"미라보, 나폴레옹, 번즈, 크롬웰처럼 성공하는 인물들은 자신의 일에 진지합니다. 나는 이런 이들을 성실한 인간이라고 부릅니다. 저는 깊고 진실한 성실성이야말로 성공에 필요한 첫 번째 요소라고 생각합니다.

여기서 스스로 성실한 척하는 가식적인 모습은 포함되지 않습니다. 이런 가식은 불쌍하고 천박한 허영심에 불과합니다. 위대한 사람들의 성실성은 자신조차 말할 수 없고, 의식하지 못하는 종류의 것입니다."

사람들의 신뢰를 얻으려면 공감 능력도 중요합니다.

링컨은 사람들과 진심으로 공감했습니다. 그는 화려한 연설가와는 거리가 멀었죠. 그를 '웅변가'라고 부르는 사람은 없었습니다. 더글러스 판사와의 논쟁에서도 링컨에게는 상대방이 가진 뛰어난 기술이나 유창함이 없었습니다. 사람들은 더글러스를 '작은 거인'이라 불렀지만, 링컨은 그저 '정직한 에이브'라고 불렀죠.

더글러스는 매력적이고 힘과 열정이 넘쳤습니다. 하지만 그는 원칙보다는 자신의 편의를, 정의보다는 책략을 우선시하는 위험한 줄타기를 했습니다. 이것이 결국 그의 몰락을 재촉했습니다.

그렇다면 링컨은 어땠을까요? 그가 말을 하면 사람들은 그의 소박하고 진실한 마음을 느꼈고, 이는 그의 말에 강력한 힘을 더했습니다. 사람들은 그의 정직함, 성실함, 예수처럼 너그러운 마음을 느꼈죠. 법률 지식에서 그를 능가하는 사람은 많았지만, 배심원들의 마음을 움직이는 데는 그를 따라올 사람이 없었습니다. 그는 자신에게 유리한 방향으로 일을 이끄는 것보다, 정의와 영원한 진리를 수호하는 일에 더 큰 관심을 가졌습니다. 그리고 사람들은 그의 말에서 그것을 충분히 느낄 수 있었습니다.

청중의 신뢰를 얻는 두 번째 방법은 바로 자신의 경험을 이야기하는 것입니다.

그냥 의견을 말하면 사람들은 의심할 수도 있습니다. 어디서 들었거나 책에서 본 이야기라면, 낡은 물건처럼 느껴지겠죠. 하지만 여러분의 직접적인 체험과 진심이 담긴 이야기는 사람들의 흥미를 끌고 신뢰를 줍니다. 사람들은 그 특정 주제에 대해서만큼은 여러분을 세계적인 전문가로 인정할 것입니다.

나의 주장이 지닌 장점을 이해시키기

어느 가을, 저는 뉴욕에서 대중 연설 강좌를 진행하고 있었습니다. 그곳에 참석한 유명한 영업 사원 한 명이 씨앗이나 뿌리 없이 잔디를 자라게 했다는 이상한 이야기를 했습니다. 새로 쟁기질한 땅 위에 히코리나무 재를 뿌렸더니 잔디가 자라났다는 거죠.

저는 그 말이 사실이라면 그는 백만장자가 될 것이라며 웃었습니다. 그런 씨앗이라면 가격이 엄청날 테니까요. 저는 또 그가 역사상 가장 뛰어난 학자가 될 것이라고 말했습니다. 왜냐하면 어떤 사람도 생명이 없는 것에서 생명을 만들어 낸 적이 없기 때문이죠.

그의 주장은 터무니없었지만, 그는 단 한순간도 자신의 생각을 굽히지 않았습니다. 그는 자신이 살아 있는 것만큼이나 자신의 주장을 믿었고, 벌떡 일어나 자신이 틀리지 않았다고 말했죠. 그는 자신이 어떤 이론을 말하는 것이 아니라, 자신의 개인적인 경험을 이야기하는 것이라고 했습니다.

다시 한번 그의 주장이 옳을 가능성이 매우 낮다고 말하자, 그는 화를 내며 5달러 내기를 제안했고 미국 농무성의 판결에 맡기자고 했습니다.

그런데 놀랍게도, 그가 수강생 몇 명을 자신의 편으로 끌어들인 사실을 알게 되었습니다. 어떻게 그의 주장을 믿게 되었는지 물었더니, 그들은 그가 자신의 생각에 대해 가지고 있는 진지함과 믿음 때문이라고 답했습니다.

우리 모두는 감정을 가진 존재이며, 연설가의 감정에 영향을 받습니다. 연설가가 진심을 담아 말한다면, 씨앗이나 뿌리도 없이 재에서 잔디가 돋아났다는 비상식적인 말이라도 믿어 주는 사람들이 생길 것입니다.

진지함, 특히 일반 대중에게 이 힘은 믿을 수 없을 정도로 강력하게 작용합니다.

청중의 관심과 신뢰를 얻는 데 성공했다면, 이제 본격적인 작업이 시작됩니다. 세 번째 단계는 사실을 진술하고 여러분의 주장이 지닌 장점을 청중에게 이해시키는 것입니다.

이것이 연설의 핵심이므로, 여기에 많은 시간을 투자해야 합니다. 12장에서 배운 명확성과 13장에서 배운 감동과 확신을 주는 법을 모두 적용해야 합니다. 여러분은 발표에서 실제로 사용할 정보보다 훨씬 많은 것을 알고 있어야 합니다.

충분한 준비는 선택이 아닌 필수입니다. 준비가 제대로 되어 있지 않으면 청중에게 어떤 것도 이해시킬 수 없습니다. 그러니 실제로 말할 수 있는 분량보다 훨씬 많은 지식을 알고 있어야 합니다.

마치 시험을 볼 때, 교과서의 모든 내용을 완벽하게 이해하고 있다면 어떤 문제가 나와도 자신 있게 풀 수 있는 것처럼요. 발표할 주제를 완벽하게 이해하고 철저히 계획한다면, 청중을 설득하는 데 실패할 확률은 아주 낮아집니다.

욕망이라는 동기에 호소하자

이 방법의 네 번째 단계는 사람을 행동하게 만드는 동기에 호소하는 것입니다. 우리가 하는 모든 행동은 욕망에서 비롯됩니다. 이 원칙이 적용되지 않는 유일한 사람들은 정신병원에 갇힌 이들뿐입니다. 우리를 움직이게 하는 것은 많지 않으며, 우리는 놀라울 정도로 적은 수의 욕망에 지배됩니다.

이것은 곧 우리가 이 동기들을 알고, 그것에 호소할 수 있는 능력이 있다면 엄청난 힘을 갖게 된다는 사실을 의미합니다. 현명한 연설가는 바로 이 능력을 활용하지만, 미숙한 연설가는 눈을 가리고 더듬거리며 목적 없이 길을 헤매기만 합니다.

예를 들어 볼까요? 한 아버지가 아들이 몰래 담배를 피운다는 사실을 알게 되었다고 가정해 봅시다. 아버지는 불같이 화를 내며 "담배는 건강에 해로우니 당장 끊어라!"라고 경고합니다. 하지만 아들은 건강에는 관심이 없고, 담배 맛과 피우는 데서 오는 짜릿

함을 즐긴다고 해 봅시다. 그러면 어떻게 될까요? 아버지의 위협은 아무 소용이 없습니다. 왜냐하면 아버지가 아들의 진짜 동기를 이해하지 못했기 때문이죠.

만약 그 아들이 학교 육상부에서 100m 달리기 대회에 나가 뛰어난 선수가 되기를 바란다면, 아버지는 자신의 생각만 이야기하는 대신 흡연이 아들의 꿈을 망칠 수 있다는 점을 이야기하는 것이 더 좋습니다. 그러면 아버지는 언성을 높이지 않고도, 더 약한 욕망(담배를 피우고 싶은 마음)을 더 강한 욕망(육상 선수가 되고 싶은 꿈)과 충돌시켜 아들이 스스로 담배를 끊게 만들 수 있을 것입니다.

사람을 움직이는 가장 강력한 동기 중 하나는 바로 이익에 대한 욕망입니다.

오늘 아침에도 수많은 사람들을 잠에서 깨어나게 한 동기가 바로 이것이죠. 이 욕망은 새벽의 단잠과 따뜻한 침대보다 훨씬 강합니다.

돈에 대한 욕구보다 더 강한 것은 자기 보호에 대한 욕구입니다.

건강과 관련된 주장들이 모두 이 욕구에 기반을 두고 있죠. 어떤 도시가 건강에 좋은 기후를 광고하고, 식품 회사가 자사 제품의 순도와 효능을 강조할 때, 혹은 금연협회에서 담배의 니코틴이 얼마나 위험한지 경고할 때, 이들은 모두 우리의 가장 근원적인 욕망에 호소하는 것입니다.

돈에 대한 욕망만큼이나 강한 것은 바로 남에게 인정받고자 하는 욕망입니다. 많은 사람에게 있어서 이 욕망은 돈보다 더 강력합니다. 다시 말해, 자존심은 나를 지탱해 주는 힘이자, 나 자신이죠.

우리 모두는 자존심을 내면의 가장 중요한 가치로 여기는 경향이 있습니다. 따라서 사람들의 자존심에 호소하는 것은 잘만 하면 TNT 폭탄에 맞먹는 위력을 발휘할 수 있습니다.

| 15장 | 핵심 정리 |

행동을 이끌어 내는 방법

- 사람의 마음을 움직이는 4단계: 관심→신뢰→교육→행동 유도.

- 진심과 성실함이 신뢰를 만듭니다. 화려한 말보다 진실된 태도가 더 큰 설득력을 가집니다.

- '동기'에 호소해야 합니다. 사람을 움직이게 하는 것은 논리가 아니라, 그들이 가진 가장 강력한 욕망입니다.

- '욕망'과 '욕망'이 싸우게 하세요. 작은 욕망(담배)보다 더 큰 욕망(꿈)을 자극하면 스스로 행동하게 됩니다.

- '자기 보호'와 '인정' 욕구를 활용하세요. 사람을 설득하는 가장 강력한 동기는 건강, 생명, 타인에게 인정받고 싶은 마음입니다.

| 실전 팁 |

1. '자격을 갖춘 사람'이 되세요. 발표할 주제에 대해 깊이 있게 공부하고, 진심과 성실함으로 신뢰를 쌓으세요.

2. '상대방의 마음'을 먼저 이해하세요. 상대방이 무엇을 중요하게 생각하는지, 어떤 욕망을 가지고 있는지 먼저 파악하세요.

3. '이익'을 먼저 제시하세요. 청중이 여러분의 제안을 받아들이면 어떤 이득을 얻을 수 있는지 명확하게 보여 주세요.

4. '긍정적인 결과'를 보여 주세요. "이것을 하지 않으면 손해를 본다"고 위협하기보다, "이것을 하면 더 나은 결과를 얻을 수 있다"는 긍정적인 방향으로 설득하세요.

MEMO

**10대를 위한
데일 카네기 성공대화론**

초판 1쇄 펴낸 날 2025년 12월 20일

지은이   데일 카네기
편역자   김민성
펴낸이   장영재
펴낸곳   (주)미르북컴퍼니
자회사   더스토리
전   화   02)3141-4421
팩   스   0505-333-4428
등   록   2012년 3월 16일(제313-2012-81호)
주   소   서울시 마포구 성미산로32길 12, 2층 (우 03983)
E-mail   sanhonjinju@naver.com
카   페   cafe.naver.com/mirbookcompany
S N S   instagram.com/mirbooks

* (주)미르북컴퍼니는 독자 여러분의 의견에 항상 귀 기울이고 있습니다.
* 파본은 책을 구입하신 서점에서 교환해 드립니다.
* 책값은 뒤표지에 있습니다.